黒 海

カスピ海

小アジア半島

▲
アララト山

タルソス◯
アンティオキア◯

ハラン◯

◯ニネベ

シリア

アッシリア

ティグリス川

・ブロス島

ユーフラテス川

パレスチナ(カナン)

バビロン◯

ペルシア

エルサレム◯
ヨルダン川

バビロニア

死海

ウル◯

ゴシェン

カルデア◯

シナイ

ベルセポリス◯

シナイ山 ミデヤン
▲

アラビア砂漠

ペルシア湾

紅 海

キリスト教入門

Introduction to Christianity and the Bible

聖書協会共同訳対応版

キリスト教学校教育同盟 編

創元社

はじめに

「若き日に、あなたの造（つく）り主（ぬし）を心に刻め。」

（コヘレトの言葉12：1）

　聖書の世界へようこそ。

　初めて聖書を開き、賛美歌を歌い、祈りをささげるみなさんを想像して、このテキストを書いています。

　あなたが学んでいる学校は聖書の教えを土台にして建てられました。あなたの学校が大切にしている聖書の言葉を見つけてみましょう。その言葉は聖書のどこに書いてあって、どのような意味や願いが込められているのでしょうか。なぜ、賛美歌を歌い、祈るのでしょうか。なぜ、献金や寄付をするのでしょうか。学校にはいろいろな行事や伝統があることでしょう。その一つひとつを理解して過ごすことができるように願っています。

　『キリスト教入門』というタイトルは、あなたにとっては古い言葉づかいかもしれませんが、聖書への案内として、キリスト教への導入、ガイダンス、イントロダクション、ハンドブックなどさまざまな役目を思い描くことができる言葉として、「入門」を選びました。

「叩（たた）きなさい。そうすれば、開かれる。」

（マタイによる福音書7：7）

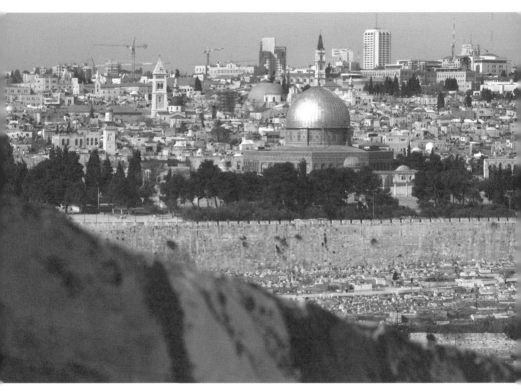

エルサレム

第1章 はじめてのキリスト教

第2章 イエスの生涯と弟子たちの働き

第3章 はじめての聖書

凡例………

• 聖書からの引用は、日本聖書協会発行の『聖書　聖書協会共同訳』によりました。

• 聖書箇所は、「書名　章：節（詩編は編：節）」で示しました。

• キリスト教用語や中学校卒業までに習わない漢字を中心にルビを振りました。

第1章
はじめてのキリスト教

1
礼　拝

神との出会い　みなさんがキリスト教学校で最初に体験することは、神との出会いです。キリスト教では、神との出会いの場として礼拝があります。礼拝は、神に向き合い、ありのままの自分を見つめ、私たちに与えられた命や多くの恵みに感謝し、神に喜ばれる豊かな生き方へと導かれる時です。

　キリスト教学校では、礼拝は学校生活の中心です。学校生活の一日は、まず礼拝から始まります。生徒も教職員も共に神と自分に向き合う礼拝を通して、今日を生きる力を神から受け取り、より良い一日へと導かれるのです。だからこそ、礼拝は学校生活の命の源なのです。聖書には、次のように書かれています。

　「あなたがたが私を選んだのではない。私があなたがたを選んだ。あなたがたが行って実を結び、その実が残るようにと、また、私の名によって願うなら、父が何でも与えてくださるようにと、私があなたがたを任命したのである。」（ヨハネによる福音書15：16）

　「むしろ、心を新たにして自分を造り変えていただき、何が神の御心であるのか、何が善いことで、神に喜ばれ、また完全なことであるのかをわきまえるようになりなさい。」（ローマの信徒への手紙12：2）

　聖書に示される神は、すべてのものを創造し、すべてのものの

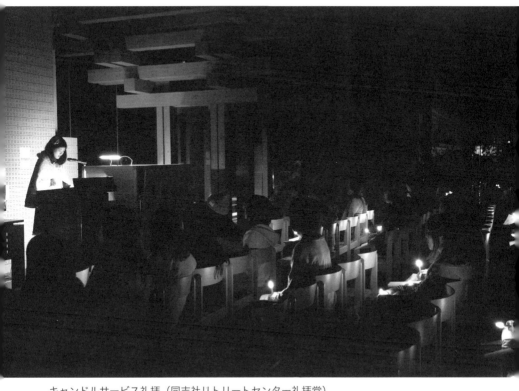

キャンドルサービス礼拝（同志社リトリートセンター礼拝堂）

根源である唯一の存在です。命を創造し、神の恵みの中に生きる
ようにと私たちを招く存在です。そのような神の招きに応え、神
に私たちの顔を向けていく時間が礼拝なのです。

　礼拝では、神に賛美をささげ、恵みに感謝し、聖書を通して神
が語りかける言葉を聞きます。その中で神に祈り、自分を振り返
り、新しく生きる力と祝福を受け取り、神の招きに応えて神に喜
ばれる生き方へと自分を成長させていくのです。ですから、礼拝
は神と私たちとのダイナミックな交流の場でもあるのです。

　「二人または三人が私の名によって集まるところには、私もそ

の中にいるのである。」（マタイによる福音書18：20）

　礼拝は、2人、3人と神の名のもとに集められた人々の共同体として行います。一人ひとりの心が集まり、神に向かって開かれ、神のもとで一つにされていくのが礼拝です。ですから、みなさんの心を一つにして礼拝をささげることが大切なのです。

礼拝の豊かな形

キリスト教の中心は礼拝です。ここでは、キリスト教会の一般的な礼拝の順序を紹介します。

- ●前奏：私たちを礼拝に招いた神に心を向け、礼拝への心を整えます。
- ●賛美：神への賛美と祈りをもって神に応えます。
- ●祈り（あるいは主の祈り）：神に心を開いて祈ります。
- ●聖書朗読：神の言葉が語りかけられます。
- ●説教（奨励）：牧師や奨励者などの人を通して神からのメッセージが語られます。
- ●祈り：説教者（奨励者）が神に祈りをささげます。
- ●賛美：聖歌隊などが賛美することもあります。
- ●献金：神への応答の1つとして、具体的に行動します。
- ●頌栄：神をたたえて歌います。
- ●祝祷：牧師による祝福の祈りがささげられます。
- ●後奏：礼拝全体を振り返り、祈りのうちに終わります。

　礼拝は、その時々の目的に合わせて多様な形があります。沈黙の中で神の語りかけと交わりを大切にする礼拝、聖書の物語をたどる礼拝、音楽を通して神への賛美をささげる礼拝などがあります。礼拝の多様性は、キリスト教の豊かさでもあります。

キリスト教学校では、入学式、卒業式、始業式や終業式も礼拝形式で行われます。一年の始まりと終わり、一日の始まりと終わりのときにも礼拝や祈りをささげて大切に過ごします。また、宿泊を伴う学校行事、たとえば野外礼拝やキャンプファイヤーなどでも祈りを中心にしたプログラムがあります。礼拝を通して、私たちの心を神に向け、豊かな時間を過ごしましょう。

Question

あなたの学校礼拝の形を調べ、なぜそのような形になっているのか、その意味を考えてみましょう。

パイプオルガン（福岡女学院高等学校）

2
祈　り

なぜ祈るのか　学校生活が始まると、祈る機会がたくさんあります。朝の礼拝の中での祈り、食事の前の感謝の祈り、一日を終えるときの祈り、行事や授業を始めるときの祈りなどです。大人でも、みんなの前での祈りは緊張することがあります。しかし、立派な言葉で祈ることよりも、心を込めて祈ることが大切です。

人は誰でも祈る心というものを持っています。みなさんもこれまでに祈った経験があるのではないでしょうか。聖書には、私たちが生まれる前から私たちを知り、私たちの命をつくった神（詩編139：13-18）に、大きな信頼をもって祈る人々の姿が数多く登場します。

イエス自身も一日を始めるとき、大きな決断をするときなど、たびたび神に祈りました。

「朝早くまだ暗いうちに、イエスは起きて、寂しい所へ出て行き、そこで祈っておられた。」（マルコによる福音書1：35）

「その頃、イエスは祈るために山に行き、夜を徹して神に祈られた。」（ルカによる福音書6：12）

このように、祈りは、人間を超えた大きな存在である神に信頼をもってささげることが大切なのです。

また、キリスト教の祈りは「神との対話」とも言われます。カトリックの修道女だったマザー・テレサ（1910〜1997年）は「神は沈黙の友である」と言いました。私たちが心を静めて沈黙のうちに祈るとき、神は私たちの心に語りかけるのです。いつでもどこでも心の目と心の耳を開いて、神に素直な言葉で祈りをささげ、神の「かすかにささやく声」（列王記上19：12）に耳を傾けましょう。

　礼拝の中での祈りには、牧師が礼拝に集まった人のために祈る牧会祈祷、自分以外の人のために祈るとりなしや共同の祈り、神の祝福のうちに生活の場へと送り出される祝祷などがあります。

祈りの基本　祈りには、祈る言葉が決まっている成文祈祷、各自が自由に祈る自由祈祷、声を出して祈る口祷、声を出さないで祈る黙祷などがあります。

　キリスト教では自由に祈ることができますが、ここでは祈りの基本的な形を紹介します。

●呼びかけ：祈りは独り言ではなく神との対話です。まず神に呼びかけましょう。

●祈りの内容

　•感謝：今日の命と健康を与えられたことや日々の生活の中の恵みに感謝して祈りましょう。

　•願い：自分の心の中にある願いを正直に祈りましょう。

　•反省：自分自身や一日を振り返り、よくなかったことを正直に認めて祈りましょう。新しい自分への一歩が始まります。

　•とりなし：イエス・キリストはいつも私たちのために祈りま

した。私たちも他の人のため、社会や世界の人のために祈りましょう。祈りを通して人々を支えることができます。

●結び：祈りをしめくくる言葉です。神と私たちを結ぶイエスの名によって祈ります。祈りの最後は「アーメン」と結びます。アーメンとは、ヘブライ語で「真実である」「まことにそうである」「その通りである」という意味です。心を合わせ、真実の思いで神に祈りをささげましょう。

Ｑuestion

世界には永く人々に愛されている有名な「祈り」があります。次の人物の「祈り」とその生涯を調べてみましょう。

- アシジのフランシスコの「平和の祈り」
- マザー・テレサの祈り
- マーティン・ルーサー・キング・ジュニアの祈り
- ラインホルト・ニーバーの祈り
- 内村鑑三の祈り
- 三浦綾子の祈り

主の祈り　　祈りについてイエスに質問した人の話があります。「イエスはある所で祈っておられた。祈りが終わると、弟子の一人がイエスに、『主よ、ヨハネが弟子たちに教えたように、私たちにも祈りを教えてください』と言った。そこで、イエスは言われた。」（ルカ11：1）

イエスはこの思いに応じて祈りのモデルを教えました。それが「主の祈り」です（マタイ6：9-13、ルカ11：2-4）。それ以来、キリ

オリーブ山での祈り（マンテーニャ、1460年ごろ）：祈るイエスの姿が描かれています。

スト教会では、これを礼拝や祈りのときに、みんなで祈ってきました。また、主の祈りは世界中の言葉に翻訳されているので、「世界を結ぶ祈り」とも呼ばれています。主の祈りの日本語訳にはいくつかの種類がありますし、キリスト教のグループによっても翻訳に少し違いがあります。一つひとつの祈りの言葉の意味を考え味わいながら祈りましょう。

🄲🄾🄻🅄🄼🄽

主の祈りの教会　エルサレムに「主の祈りの教会」という教会があります。教会の内部の壁には、世界中の言語で書かれた主の祈りがかけられています。その1つに日本語の主の祈りもあります。日本語でもさまざまな翻訳があるので、違いを比べてみましょう。

主の祈りの教会（エルサレム）

主の祈り （日本キリスト教協議会（NCC）統一訳）

祈りの構成	祈りの言葉	祈るときのポイント
呼びかけ	天の父よ	神を「父」と呼ぶほど親しい存在として呼びかけます。
神との関わり	み名があがめられますように。 み国が来ますように。 みこころが天で行なわれるように 地上でも行なわれますように。	神と私たちの心の関係をまっすぐに整えて、私たちの顔を神に向け、心を開くことを大切にして祈ります。
私たちの関わり	わたしたちに今日もこの日のかてをお与え下さい。 わたしたちに罪を犯した者をゆるしましたからわたしたちの犯した罪をおゆるし下さい。 わたしたちを誘惑から導き出して 悪からお救い下さい。	私たちの間にある関係に、神の愛と平和と正義の実現を願い祈りましょう。
賛美	み国も力も栄光もとこしえにあなたのものだからです。 アーメン。	神への賛美と信頼のうちに祈ります。

3
賛　美

最初の賛美歌　「全地よ、主に向かって喜びの声を上げよ。喜びながら主に仕えよ。喜び歌いつつその前に進み出よ。主こそ神と知れ。主が私たちを造られた。私たちは主のもの。主の民、その牧場の羊。」（詩編100：1-3）

　キリスト教はとてもよく歌う宗教です。キリスト教では、神の恵みに感謝して、神への応答として賛美をささげます。賛美歌は、神を賛美する歌であり、神への祈りであり、神への応答なのです。

　聖書には、初めて聖書の人々が神を賛美した場面があります。「モーセの歌」（出エジプト記15章）と呼ばれるものです。

　出エジプト記には、イスラエル民族の人々が、奴隷とされた苦難と試練のエジプトの国から、神の僕モーセによって解放される話があります。いったんはエジプトを脱出したイスラエル民族ですが、エジプトの王（ファラオ）はすぐに心を変え、イスラエル民族を再び捕えようと追いかけました。後ろはエジプト軍、右と左は砂漠、前は海という絶体絶命の危機の中、神の救いによって、海の中に道が開かれ、新しい地にわたり、助かりました。

　こうして神の恵みと救いを体験したイスラエル民族が、神への心からの感謝と賛美を「モーセの歌」として歌ったのです。ですから、賛美歌は心から神に向かって歌うことが大切です。

神に届ける歌　旧約聖書にある詩編は、イスラエル民族が歌った詩であり、賛美歌であったと考えられています。多くの詩編各編の冒頭には、その詩をどのようなメロディーや楽器で伴奏するかという指示が書かれています。指揮者を立てての合唱や斉唱、独唱もあったようです。

　メロディーは、当時の人々が慣れ親しんでいた民謡をもとにしたものもあります。詩の多くは、イスラエル民族の英雄ダビデ王の詩、あるいはその名を借りた詩として登場します。

　聖書には、神の恵みと救いを体験した人々が、心からの喜びを歌にして賛美をささげる姿が描かれています。私たちもまた、心と歌声を神に届けるように賛美を元気に歌いましょう。

Ｑuestion

聖書の登場人物が神に賛美をささげた場面を調べてみましょう。

- ダビデが歌った賛美（詩編23編）
- イエスの母マリアがささげた賛美（ルカによる福音書1：46-55）など

ＣＯＬＵＭＮ

ゴスペル・ミュージック　ゴスペル・ミュージックは、アフリカ系アメリカ人が歌ったスピリチュアルをもとに、その後ジャズやブルースなどが混じり合って生まれた音楽です。ゴスペルという言葉は「God-Spell」に由来し、「神の言葉」「喜ばしき知らせ」という意味です。神の恵みを受けた感謝と喜びを歌った賛美歌なのです。

4
奏楽と楽器

聖書に登場する楽器　聖書には、私たちが持っているさまざまな楽器や賜物を用いて、神に喜びと感謝をささげる姿が描かれています。

「踊りつつ御名を賛美せよ、タンバリンと琴を奏でて主をほめ歌え。」（詩編149：3）

「ハレルヤ。〔中略〕力強い御業のゆえに、神を賛美せよ。〔中略〕角笛を吹いて、神を賛美せよ。竪琴と琴を奏でて、神を賛美せよ。タンバリンに合わせて踊りながら、神を賛美せよ。弦をかき鳴らし、笛を吹いて、神を賛美せよ。シンバルを鳴らして、神を賛美せよ。シンバルを高らかに響かせて、神を賛美せよ。息あるものはこぞって、主を賛美せよ。ハレルヤ。」（詩編150：1-6）

礼拝の伴奏　キリスト教学校の礼拝では、パイプオルガンやリードオルガンによる伴奏によって賛美がささげられることが多いでしょう。

　パイプオルガンは、大小さまざまなパイプに空気を送って音を出す楽器です。パイプに空気を送って音を出す楽器には、古代の「パン・フルート」と呼ばれるものがありました。それにふいごと鍵盤が加わり、パイプオルガンの原型ができました。中世には、

ミサの前奏や後奏で用いられるようになり、17世紀になると聖歌隊や会衆賛美の伴奏に用いられるようになりました。教会の礼拝とともに育ってきた楽器なのです。そこから、教会といえばパイプオルガンというイメージが生まれたのでしょう。

　また、キリスト教といえば聖歌隊やハンドベルを思い出します。学校の部活動で聖歌隊やハンドベル部があるところも多いでしょう。鐘楼（しょうろう）のある教会には、礼拝が始まる時間を地域に告げ知らせるために、大きな鐘（かね）が取りつけられていました。この大きな鐘を鳴らすための練習用に小さくしたものがハンドベルになったと言われています。

　聖書にあるように、心からの感謝と賛美をささげることが大切ですから、賛美歌を伴奏する楽器もまた、いろいろあってよいのです。キャンプなどでの野外礼拝にはギターやリコーダーを用いてもよいでしょう。私たちが心からの賛美をささげることを神は最も喜ぶのです。

Question

キリスト教音楽には、ヘブライ語の「ハレルヤ（主を賛美せよ）」や「キリエ・エレイソン（主よ、憐（あわ）れみたまえ）」というラテン語が登場します。ほかの表現や言葉を探してみましょう。

COLUMN

賛美歌の形式　賛美歌は伴奏に鍵盤楽器を用いることをイメージしてつくられています。また、コラールの編成で書かれています。中にはカノンで歌うことができる曲もあります。

5
聖　書

聖書の歴史　聖書は、歴史を超えて世界中の人々に読み継がれる「世界のベストセラー」と言われます。世界中で毎年約4億3,000万冊以上発行され、今もなお新たな翻訳作業が続き、2,500以上の言語の聖書が発行されています。

　聖書は、英語でThe Bibleと言います。バイブルの語源は、ギリシア語のビブリア（書物の複数形を表す単語）です。つまり、聖書は「本の集まり」という意味なのです。

グーテンベルク（ジャン・アントワーヌ・ロラン、1830年）

　聖書に含まれる書物の多くは、人から人へと語り伝えられた伝承がもとになりました。これを口伝(くでん)と言います。これらの伝承が文章でまとめられ編集されて、パピルス紙や羊皮紙に手書きで写されました。これを写本(しゃほん)と言います。パピルスは古代の紙を作る原料で、B.C.3000年ごろからエジプトで使用され、地中海世界に広く普及しました。

16世紀の宗教改革の時代には、活版印刷技術を考案したドイツのヨハネス・グーテンベルクによって、聖書が世界で初めて活版印刷されました。この聖書を四十二行聖書と言います。その後、聖書の研究が進み、それぞれの国や時代の人々が話す言葉に応じて、翻訳のさまざまなバージョンが誕生しました。現代では、最先端の技術によるCD-ROMや点字の聖書もあります。また、デジタル化され公開されている多言語の聖書を簡単に読むことができるようになりました。

キリスト教の正典

「この書物は、キリスト・イエスへの信仰を通して救いに至る知恵を与えることができます。聖書はすべて神の霊感を受けて書かれたもので、人を教え、戒め、矯正し、義に基づいて訓練するために有益です。こうして、神に仕える人は、どのような善い行いをもできるように、十分に整えられるのです。」（テモテへの手紙二3：15-17）

聖書は、キリスト教の正典と呼ばれます。正典は英語でcanonと言い、「ものさし」「基準」という意味です。聖書はキリスト教信仰の基準なのです。私たちは聖書にある神の言葉をものさしとして、私たちの心や日々の生活を照らし合わせながら、神に喜ばれるより良い人間へと成長するのです。

聖書は旧約聖書と新約聖書の2つに大きく分かれ、旧約聖書39巻、新約聖書27巻、合計66巻で構成されています。

旧約、新約の「約」は英語でtestamentと言い、「約束」「契約」の意味です。聖書には、神と人間との約束・契約が書かれているのです。

旧約聖書39巻一覧表

書　名	英語書名	英語略記	分　類
創世記	Genesis	Gen	
出エジプト記	Exodus	Ex	律法
レビ記	Leviticus	Lev	（モーセ五書）
民数記	Numbers	Num	
申命記	Deuteronomy	Deut	
ヨシュア記	Joshua	Josh	
士師記	Judges	Judg	
ルツ記	Ruth	Ruth	
サムエル記上	1 Samuel	1Sam	
サムエル記下	2 Samuel	2Sam	
列王記上	1 Kings	1Kgs	
列王記下	2 Kings	2Kgs	歴史書
歴代誌上	1 Chronicles	1Chr	
歴代誌下	2 Chronicles	2Chr	
エズラ記	Ezra	Ezra	
ネヘミヤ記	Nehemiah	Neh	
エステル記	Esther	Esth	
ヨブ記	Job	Job	
詩編	Psalms	Ps	
箴言	Proverbs	Prov	文学書
コヘレトの言葉	Ecclesiastes	Eccl	
雅歌	Song of Solomon	Song	
イザヤ書	Isaiah	Is	
エレミヤ書	Jeremiah	Jer	
哀歌	Lamentations	Lam	
エゼキエル書	Ezekiel	Ezek	
ダニエル書	Daniel	Dan	
ホセア書	Hosea	Hos	
ヨエル書	Joel	Joel	
アモス書	Amos	Amos	
オバデヤ書	Obadiah	Obad	預言書
ヨナ書	Jonah	Jon	
ミカ書	Micah	Mic	
ナホム書	Nahum	Nah	
ハバクク書	Habakkuk	Hab	
ゼファニヤ書	Zephaniah	Zeph	
ハガイ書	Haggai	Hag	
ゼカリヤ書	Zechariah	Zech	
マラキ書	Malachi	Mal	

新約聖書27巻一覧表

書　名	英語書名	英語略記	分　類	
マタイによる<ruby>福音書<rt>ふくいんしょ</rt></ruby>	Matthew	Mt	<ruby>共観福音書<rt>きょうかんふくいんしょ</rt></ruby>	福音書
マルコによる福音書	Mark	Mk		
ルカによる福音書	Luke	Lk		
ヨハネによる福音書	John	Jn	第四福音書	
<ruby>使徒言行録<rt>しとげんこうろく</rt></ruby>	Acts	Acts	証言と歴史	
ローマの<ruby>信徒<rt>しんと</rt></ruby>への手紙	Romans	Rom	四大書簡	手紙 （パウロの手紙）
コリントの信徒への手紙一	1 Corinthians	1Cor		
コリントの信徒への手紙二	2 Corinthians	2Cor		
ガラテヤの信徒への手紙	Galatians	Gal		
エフェソの信徒への手紙	Ephesians	Eph	<ruby>獄中書簡<rt>ごくちゅうしょかん</rt></ruby>	
フィリピの信徒への手紙	Philippians	Phil		
コロサイの信徒への手紙	Colossians	Col		
テサロニケの信徒への手紙一	1 Thessalonians	1Thes	初期書簡	
テサロニケの信徒への手紙二	2 Thessalonians	2Thes		
テモテへの手紙一	1 Timothy	1Tim	<ruby>牧会書簡<rt>ぼっかいしょかん</rt></ruby>	
テモテへの手紙二	2 Timothy	2Tim		
テトスへの手紙	Titus	Tit		
フィレモンへの手紙	Philemon	Phlm	獄中書簡	
ヘブライ人への手紙	Hebrews	Heb		手紙 （パウロ以外の手紙）
ヤコブの手紙	James	Jas	<ruby>公同書簡<rt>こうどうしょかん</rt></ruby>	
ペトロの手紙一	1 Peter	1Pet		
ペトロの手紙二	2 Peter	2Pet		
ヨハネの手紙一	1 John	1Jn		
ヨハネの手紙二	2 John	2Jn		
ヨハネの手紙三	3 John	3Jn		
ユダの手紙	Jude	Jude		
ヨハネの<ruby>黙示録<rt>もくしろく</rt></ruby>	Revelation	Rev	<ruby>啓示<rt>けいじ</rt></ruby>	

6
旧約聖書

旧約聖書とは　旧約聖書は、英語でThe Old Testamentと言い、旧約聖書に示された神と出会い、契約を交わしたイスラエル民族の信仰と歴史が書かれています。

旧約聖書の原本の大部分はヘブライ語で書かれ、ごく一部がアラム語で書かれています。そのため、旧約聖書をヘブライ語聖書とも言います。ヘブライ語聖書は、キリスト教とユダヤ教にとっては正典であり、イスラームでも大切にされています。

旧約聖書の構成　旧約聖書は39巻の書物で構成されています。ほかに旧約聖書の続編と呼ばれる書物があり、教会によっては39巻の正典と同じように大切にしています。

旧約聖書の内容は大きく3つに分かれます。

律法と歴史書（創世記〜エステル記）　最初の創世記から申命記までの5つの書物をモーセ五書と言い、モーセという人物を通して神と人とが契約した十戒を中心に、神の教えと掟が書かれています。この部分を律法と言います。

それに続くアブラハム物語から、モーセを通してイスラエル民族が神の守りと導きの中で信仰をもって歩んだ歴史が書かれています。

文学書（ヨブ記〜雅歌）　イスラエル民族の信仰を表した文学や、詩、格言集などがあります。生きるためのさまざまな知恵や教訓、賛美や祈りなどが文学形式で収められています。

　預言書（イザヤ書〜マラキ書）　B.C.8世紀からB.C.5世紀に活躍した預言者の言葉と行動が書かれています。預言者とは、「神の言葉を預かる者」という意味で、神の言葉を預かった預言者たちが、困難な状況や危機的な情勢に立たされた社会の人々に神の心を伝え、人々を正しい生き方へと導きました。旧約の時代には多くの預言者が活躍しています。

　旧約聖書の舞台は、エジプトからメソポタミアに広がる古代オリエント世界です。古代オリエント世界の歴史的背景を参考にしながら旧約聖書を読むと、聖書の物語や神のメッセージが生き生きと読み取れるでしょう。

COLUMN

ヘブライ語　ヘブライ語は世界最古の言語の１つです。ヘブライ語は、右から左に横書きで表記します。

ヘブライ語の聖書

7
新約聖書

新約聖書とは　新約聖書は、英語でThe New Testamentと言います。新約聖書は、イエス・キリストを通して神がすべての人類に与えた新しい約束・契約について書かれています。イエス・キリストの教えや活動、イエスの十字架と復活、その出来事を経験した人々の信仰、その後に成立した教会の活動や歴史が書かれています。

　新約聖書の原本は、コイネー・ギリシア語で書かれています。コイネー・ギリシア語はB.C.4世紀ごろからA.D.6世紀、あるい

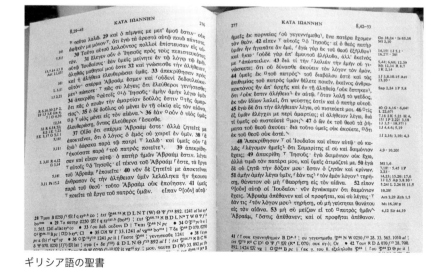

ギリシア語の聖書

はそれ以降まで広く地中海沿岸の諸地方で民衆が用いていた古代ギリシア語です。コイネーとは「共通の」という意味です。

　イエスや弟子たちが日常的に使用していたのはアラム語でしたが、イエスの教えを広く多くの人々に知ってもらうために、新約聖書はギリシア語で書かれました。

新約聖書の構成　新約聖書は27巻の書物から構成され、大きく4つに分かれます。

福音書（マタイによる福音書〜ヨハネによる福音書）　福音とは「良い知らせ」（英語でgospel）という意味です。イエス・キリストを通して私たちに与えられた「良い知らせ」を伝えています。イエスの教えとその活動、生涯が書かれています。4つの福音書の中で、最も古いものがマルコによる福音書で、最も新しいものがヨハネによる福音書と考えられています。マタイによる福音書とルカによる福音書は、マルコによる福音書をもとにしながら、それぞれが持つ固有の伝承を加え、それぞれの視点で編集しています。そのため、マタイ、マルコ、ルカの3つの福音書を共観福音書と呼びます。

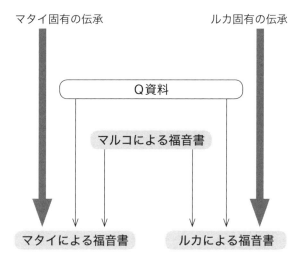

共観福音書とＱ資料　共観は、いくつかの資料を共に観ることを意味する
ギリシア語シノプシスの訳語です。Ｑ資料は、イエスの言葉を集めたもの
と考えられている文書ですが、現存しません。福音書を比較すると、マル
コには出てこないけれども、マタイとルカには共通して記されているイエ
スの言葉があることがわかります。こうした研究が進められたのが主にド
イツ語圏だったので、この仮説上の文書を「資料」を意味するドイツ語
Quelleの頭文字をとってＱ資料と呼んでいます。

　　証言と歴史　使徒言行録は、イエスの教えを引き継いだ使徒た
ちの宣教活動と初代教会の成立・発展の歴史が書かれています。
使徒たちの中で中心的な役割を担った主な人物は、ペトロとパウ
ロです。

　　手紙（ローマの信徒への手紙〜ユダの手紙）　パウロを中心と
した使徒たちの名によって書かれた手紙で、イエスの教えや信仰
共同体としての教会のあり方、信仰を持って生きることの大切さ
を伝えています。教会の個人あてに書かれた牧会書簡や広範囲の
教会で読んでもらうために書かれた公同書簡などがあります。

　　啓示（ヨハネの黙示録）　初代キリスト教会は、ローマ帝国の
時代の中で激しい迫害を受けていました。その困難と試練の中で、
信仰を持って生きる人々を励まし、希望を与えるために書かれま
した。啓示とは「隠されていたものの覆いを取り除く」という意
味で、迫害の苦難や試練の中にも、神の恵みと希望を与えるため
に、神の心を幻や象徴的表現を用いて伝えようとしています。

Question

マタイ、マルコ、ルカの各福音書に共通して登場する出来事やたとえ話を
調べて、その相違点を比較してみましょう。

四人の使徒（デューラー、1526年）：左からヨハネ、ペトロ、マルコ、パウロです。

8 説　教

多様な時代と背景　聖書は、古代オリエントやA.D.1世紀のローマ帝国時代の地中海世界に生きた人々の経験を通して書かれました。そこには、神の教えや生きる上での大切な知恵が満ちあふれています。また、日本の気候風土とは異なる亜熱帯性気候という自然環境の中で生きる人々の経験を通して、神について、命について、人生について書かれています。

　旧約聖書はB.C.2000年ごろからのイスラエル民族の伝承から始まり、新約聖書はイエスの死後20年たったA.D.50年ごろから100年ごろにまとめられました。そのため、1つの聖書といって

ガリラヤ湖

も、それぞれの書物が書かれた時代や歴史的背景の違いがあり、書物を書いた記者の視点も異なります。

しかし、そうした違いがありながらも、神が人々に語った教えやイエスの教えは、現代に生きる私たちにも通じる普遍的な真理を示し、私たちにとって大切な恵みと力を持っているのです。

普遍的なメッセージ

そうした普遍的な真理を持つ神の教えが、牧師という人間の口を通して、私たちに神の言葉として語りかけられるメッセージが説教です。

キリスト教学校の礼拝では、チャプレン（学校、病院など教会以外の施設や団体で奉仕する宗教指導者）や聖書科の先生、キリスト教信徒の先生などから話を聞くことが多いかもしれません。説教を通して、聖書に記された普遍的な真理やイエスの教え、キリスト教の価値観を、私たちはわかりやすく学ぶことができます。

そこではまた、建学の精神や日々の学校生活を歩む上で大切なメッセージも語られます。教会の牧師や、社会でさまざまな活躍をしている人、生徒による話を聞くこともあるでしょう。牧師が語る説教もあれば、奨励や講話という形で話がなされることもあります。

どのような形であっても、聖書の言葉が1人の人間の生活や実体験を通して語られるとき、神が人の中に生きて働く力を持っていることを感じるでしょう。また、話を通してみなさん自身が自分を振り返ったり、共感したり、新しい方向を与えられ、新しい自分を育てる大切な時間となります。心を開いて、神の言葉をしっかり受け止めていきましょう。

9
供え物

供え物の意味　礼拝では、神への贈り物として供え物（英語でoffering）を行います。

旧約聖書では、神を礼拝するときに、穀物や動物を神への供え物としてささげていました。そして、供え物には3つの意味がありました。

●神への感謝：聖書の人々は、たくさんの恵みを神からの贈り物として得ていることへの感謝を表すために、神への贈り物をします。

●神との交わり：神との正しい関係を回復し保とうとする心のしるしとして、神への贈り物をします。

●罪のあがない：聖書の「罪」（ギリシア語のハマルティア）という言葉には、「的外れ」という意味があります。神が望むように正しく生きられない「的外れ」な私たちを、それでも愛し、守り、恵みを注いでくれる神に感謝して、神への贈り物をします。

このように、神への供え物とは、愛と恵みによって私たちを生かしてくれる神に感謝を表し、神との正しい関係を保つために用いられました。

献金とイエス　農耕時代に入り、貨幣経済が広がるにつれて、神への供え物は穀物や動物という現物から、金銭で代用することが多くなりました。

　新約聖書では、貧しいやもめ（夫を亡くした女性）が献金をする場面を見たイエスの言葉が記されています（マルコによる福音書12：41-44）。

　あるとき、イエスがエルサレム神殿で、人々が献金をしているのを見ていました。金持ちが献金箱に献金をすると大きな音が鳴り響き、たくさんの献金をしたことが周囲の人にもわかりました。そこへ1人のやもめがやって来て、レプトン銅貨2枚を入れました。これは、当時のギリシアの最も小さい単位の貨幣でした。しかし、そのレプトン銅貨2枚は、彼女にとって全生活費だったのです。イエスはその様子を見て、この人は「誰よりもたくさん入れた」と言いました。イエスは、ささげた金額ではなく、神への感謝の心、神への信頼の心こそが、一番大切であることを教えたのです。

　礼拝の中でも、神への供え物を行います。それは、金銭の場合もあれば、花（花の日礼拝）、果物や野菜（収穫感謝礼拝）、奉仕などの場合もあるでしょう。神への感謝と神との関わりに生きることを大切にして、心を込めてささげましょう。

ヘレニズム時代の硬貨

10
教　会

教会とは　イエス・キリストの名のもとに人々が集まり、共に祈り、礼拝をし、交わりや活動が行われる共同体を教会（英語でchurch）と言います。礼拝を行う建物も教会と呼ばれますが、本来、教会とは建物だけを指すのではありません。

キリスト教の理念によって設立された学校や病院や福祉施設には、礼拝や祈りをささげる建物が併設されています。こうした建物は礼拝堂（英語でchapel）と言います。

新約聖書で教会と訳されている言葉は、ギリシア語でエクレーシアと言います。エクレーシアとは、「集会」「集まり」を意味します。ですから、個人の家や公共の建物、時には野外で、イエス・キリストの名のもとに集まり、祈りや礼拝がささげられ、継続的な集会を持っている共同体はすべて、礼拝堂があってもなくても教会と言います。

イエスの弟子の1人であるシモン・ペトロが、イエスに「あなたはメシア、生ける神の子です」と言ったとき、イエスは「あなたはペトロ。私はこの岩の上に私の教会を建てよう」と告げました（マタイによる福音書16：13-20）。これは、イエスがメシア（ヘブライ語で「救い主」の意味、ギリシア語ではキリスト）であるという信仰に基づいて教会がつくられることを意味します。

ペトロへの鍵の授与（ペルジーノ、1481～1482年）

　新約聖書に出てくる教会では、個人の家に集まって礼拝や祈り
をささげて、継続的に集会を行っていました。当時は、家族の長
がキリスト教信仰に入ると、その家族全員がキリスト教信仰に入
りました。そして、近隣の人々がその家に集まり、礼拝や宣教が
行われました。そのため、初期のキリスト教の教会は「家の教
会」と呼ばれます。

　教会では、毎週の安息日に礼拝が行われます。子どものための
礼拝を行う教会学校（日曜学校）や「子どもの教会」もあります。

　また、教会は、キリスト教の信仰を持っている人たちだけでは
なく、すべての人に自由に開かれています。礼拝以外にも、聖書
の学びの会、お祈りの会、音楽コンサート、地域社会を支える奉
仕活動などを行っている教会もあります。

　みなさんも、家の近くにある教会を訪ね、礼拝やさまざまな活
動に参加してみましょう。

COLUMN

家の教会　使徒言行録には、ある「家の教会」でパウロの説教が夜中まで続いたために、部屋にたくさんの灯火がともされ、窓に腰かけていた青年が眠気を催して3階から下に落ちて死んでしまったのをパウロが生き返らせたという話があります（使徒言行録20：7-12）。また、使徒言行録2章42節に出てくる「交わり」（ギリシア語のコイノニア）も教会を指すことがあります。

キリスト教の歴史

A.D.1世紀末、キリスト教会は、イエスの十字架と復活を体験した弟子たちを中心にして誕生しました。当初、キリスト教はローマ帝国やユダヤ教から激しい迫害を受け、多くの人々が殉教の死を遂げました。しかし、そうした迫害に負けず、人々がそれぞれに逃れていった場所で、キリスト教はさらに広がっていきました。

313年、ローマ帝国はキリスト教を公認し、392年にはローマ帝国の国家宗教（国教）となりました。ところが、395年、ローマ帝国が東西に分裂すると、教会も西ローマ帝国の西方教会と、東ローマ帝国の東方教会（正教会）に分かれてしまいました。最初は東西交流し協力していましたが、1054年には、はっきりと分裂してしまいます。その後、西方教会は政治権

キリスト者の墓（4〜5世紀、テッサロニキのビザンチン博物館）

聖書の翻訳を口述するルター（19世紀）

力と結びつき、絶大な力をふるうようになり、次第に人々の反発が起こるようになりました。

　そうした中、1517年、ドイツで、マルティン・ルター（1483〜1546年）はヴィッテンベルク城教会の扉に95か条の質問を打ちつけ、カトリック教会のあり方を正そうとしました。これをきっかけに、ドイツやスイスで宗教改革が起こりました。ルターは、神の言葉である聖書を多くの人が読むことができるように、聖書をドイツ語に翻訳しました。

　現代では、第2次世界大戦の経験を経て、世界の諸教会がイエス・キリストによって一致することをめざす運動が広がっています。これをエキュメニカル運動と言います。イエス・キリストを信じる者たちが一つとなり、神の愛の実現のため、平和をつくり出すための歩みを協力しながら進めていこうとしています。

世界教会協議会（WCC）のロゴマーク：エキュメニカル運動の世界的な組織のロゴマークです。

11
教会暦

　キリスト教会は、教会暦という独自の暦、カレンダーを持っています。教会暦は、イエスの生涯と教え、教会の活動などを中心に構成されています。この暦を用いることによって、イエスの教えと生涯を心にとめながら、神の言葉と共に歩むことを目的としています。

　キリスト教で最も大切な祝祭日は、イエス・キリストの復活を祝う復活日（イースター）、イエス・キリストの誕生を祝う降誕日（クリスマス）、教会の誕生日とも言われる聖霊降臨日（ペンテコステ）です。

教会暦の一年　**待降節／降臨節（アドベント）**　キリスト教の暦では、アドベントから一年が始まります。アドベントとは、ラテン語のadventus（「到来」「接近」の意味）から生まれた言葉です。イエス・キリストが神の国から私たちの世界へ到来する期間であり、イエス・キリストの誕生を待ち望む期間がアドベントなのです。

　クリスマス前の4週間、イエスの誕生を思い起こし、イエスを心に迎える準備の期間を過ごします。このとき、アドベントクランツやリース、イエス・キリストの降誕の様子を表したネイティ

受胎告知教会（ナザレ）：マリアが天使からイエスを身ごもったことを告げられたとされる場所に建つ教会です。

ビティーなどを飾ります。これは、クリッペ（ドイツ語で「飼い葉桶」の意味）とも呼ばれます。

　降誕日（クリスマス）　イエス・キリストの誕生を祝い、礼拝をささげる日をクリスマスと言います。クリスマスは、英語でChristmasと書きます。これは、Christ（キリスト）とMass（ミサ、礼拝）という言葉からできた単語です。クリスマスとは、イエスがキリストとして私たちの救いのために誕生したことを喜び祝い、神に感謝と賛美の礼拝をささげる日なのです。

　多くの教会では、12月25日のクリスマスの直前の日曜日にクリスマス礼拝をささげ、12月24日の夜にクリスマス・イブ賛美礼拝などを行います。また、賛美礼拝後に、さまざまな理由でなかなか礼拝に参加できない人や、病気などで家にいる人を訪問し、

賛美歌を歌ってクリスマスの喜びを伝えて回るキャロリングを行います。

公現日（エピファニー）　イエス・キリストが誕生した夜、野宿していた羊飼いたちが天使の知らせを受け、イエスの誕生を祝うために最初に駆けつけました（ルカによる福音書2章）。そして、星を見てイエスの誕生を知った東方の博士たちがお祝いに駆けつけます（マタイによる福音書2章）。この日が1月6日と言われ、ユダヤ人以外の外国の人々にもイエスの誕生が知らされた（公現）という意味で、公現日（エピファニー）として祝います。

キリスト教会では、この日までがクリスマスの期間として祝われます。

四旬節／受難節（レント）　イエス・キリストが十字架の苦難を引き受けたことを受難と言います。イースターの前日までの日曜日を除く40日間を、イエスの受難の苦しみとその意味、そこに表されたイエスの愛と赦しを心に刻み、祈りのうちに心静かに過ごします。

受難週　レントの最後の1週間を特別に受難週と言います。イエスが十字架に向かう最後の歩みを、この期間に集中的に思い起こします。受難週の最初の日曜日は、イエスが死を覚悟してエルサレムに入城したことを記念する棕櫚の主日と呼ばれ、礼拝をささげます。木曜日には、イエスの最後の食事となったユダヤ教の過越祭の食事の場面を記念して、聖餐式を行う教会もあります。また、このときイエスが弟子の足を洗い互いに愛し合うように教えたことから、この日を洗足木曜日と呼びます。

受難日　福音書によれば、イエスが十字架につけられたのは金

イースターエッグをつくって復活を祝う（ウクライナ・チェルノブイリ）

曜日の朝でした。そのため、受難週の金曜日を受難日として、十字架に表されたイエスの愛と赦しを深く心に刻み、悔い改めの祈りをささげます。

復活日（イースター）　十字架で人間としての命を終えたイエスが、3日目の早朝に、神によって復活させられたという出来事を記念する祝日です。キリスト教信仰の出発点となる最も大切な祭りです。この日には、新しい命の象徴としてゆで卵をきれいにデコレーションしたイースターエッグ

イースターエッグ（ギリシア）

をつくり、復活の命を喜びます。

聖霊降臨日／五旬祭（ペンテコステ）　イエスが復活したイー

スターから50日目、イエスの弟子たちが共に集まっていると、聖霊が突然降り、弟子たちを力づけました。その聖霊の力によって、弟子たちはイエスの復活を証しし、人々にイエスの教えを堂々と語り始めました。この出来事によってキリスト教会が誕生したことから、キリスト教ではこの日を教会の誕生日と考えています。

　このほかにも、教会暦には、こどもの日（花の日）、収穫感謝の日など、さまざまな行事や礼拝があります。

　典礼色　こうした教会暦に合わせて、それぞれの期間を表した典礼色というものがあります。キリスト教のグループによって少し違いはありますが、クリスマスやイースターなどの喜びを表す期間は白色、アドベントやレントなどの祈りと悔い改めのうちに過ごす期間は紫色、その他の期間は緑色というように定められています。牧師のストールや礼拝堂に装飾されるタペストリーなどは典礼色に合わせて用いられます。

　キリスト教学校の礼拝の多くも、こうした教会暦に合わせて、礼拝が守られています。それぞれの礼拝を通して、キリスト教の大切なメッセージを味わい受け止めて、豊かな日々を過ごしていきましょう。

あなたの学校で行われる礼拝やキリスト教行事を調べてみましょう。

教会暦と典礼色 （内側の円の色名は典礼色を示します）

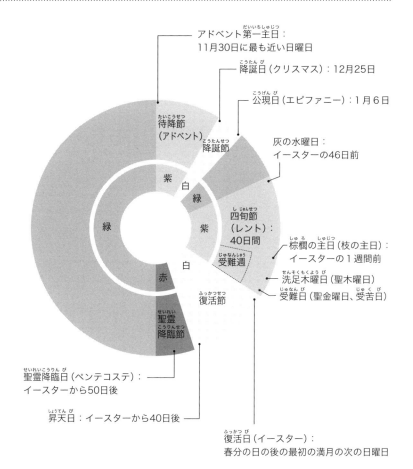

アドベント第一主日：
11月30日に最も近い日曜日

降誕日（クリスマス）：12月25日

公現日（エピファニー）：1月6日

灰の水曜日：
イースターの46日前

棕櫚の主日（枝の主日）：
イースターの1週間前

洗足木曜日（聖木曜日）

受難日（聖金曜日、受苦日）

聖霊降臨日（ペンテコステ）：
イースターから50日後

昇天日：イースターから40日後

復活日（イースター）：
春分の日の後の最初の満月の次の日曜日

待降節
（アドベント）

降誕節

四旬節
（レント）：
40日間

受難週

復活節

聖霊
降臨節

紫

白

緑

緑

紫

白

赤

第2章
イエスの生涯と
弟子たちの働き

12
イエスの生涯

イエスの生きた時代　イエスが生きたユダヤの地域は、パレスチナの南部に位置しています。パレスチナは、旧約聖書の時代にはカナンと呼ばれていました。

　パレスチナは地中海の東にあり、エジプト、メソポタミア、ギリシアを結ぶ交通の要所でした。そのため、周辺の大国によって次々に支配されました。B.C.8世紀から、アッシリア、バビロニア、ペルシア、エジプト、シリア、ローマなどがパレスチナを支配しています。

　B.C.63年には、パレスチナはローマ帝国の支配下に置かれました。さらに、B.C.37年には、イドマヤ人のヘロデ王がローマ帝国の属州となったユダヤの王となり、約30年間、ユダヤを支配しました。

　このように、ユダヤの人々は、ローマ帝国とヘロデ王による二重の支配を受け、それぞれに課せられる重税により、暮らしは大変苦しいものでした。

　そのような状況の中で、人々は聖書に預言されているメシア（救い主）が現れ、ヘロデ王やローマ帝国を滅ぼし、自分たちを解放し、イスラエル王国を復活させてくれると信じ、メシアの誕生を待ち望んでいました。

ナザレのイエス　B.C.7〜4年ごろ、イエスはユダヤ人として、母マリアと父ヨセフのもとに、ユダヤのベツレヘムで生まれました。そして、ガリラヤのナザレで、兄弟姉妹と共に成長し、「神と人から恵み」を受けたと言われています。

　イエスという名は、旧約聖書に登場する人物であるヨシュアをギリシア語に音写したもので、「主_{しゅ}は救い」という意味を持つ名前です。これは、ユダヤ人の間で非常に多く愛用された名前でした。当時の習慣では、姓にあたるものがなかったので、父親の名前や出身地名を付け加えて呼びました。そのため、イエスも「ヨセフの息子のイエス」「ナザレのイエス」などと呼ばれました。

　イエスの誕生については、マタイによる福音書とルカによる福音書に記されています。ルカによる福音書ではイエスの母となるマリアを中心に、マタイによる福音書ではイエスの養父となるヨセフを中心に描かれています。

イエス誕生の予告　ルカによる福音書によれば、ヨセフと婚約していたマリアのところへ天使ガブリエルが訪れ、「おめでとう、恵まれた方。主_{しゅ}があなたと共におられる」と言いました。この言葉に驚いているマリアに、「恐れることはない。あなたは神から恵みをいただいた。あなたは身ごもって男の子を産む。その子をイエスと名付けなさい。その子は偉大な人になり、いと高き方の子と呼ばれる」（ルカ1：30-32）と天使は語ります。マリアが「どうして、そんなことがありえましょうか。私は男の人を知りませんのに」ととまどっていると、天使はさらに「聖霊_{せいれい}があなたに降_{くだ}り、いと高き方の力があなたを覆う。だか

ら、生まれる子は聖なる者、神の子と呼ばれる。〔中略〕神にできないことは何一つない」と言うのでした。マリアは「私は主の仕え女です。お言葉どおり、この身になりますように」と天使の言葉を信じ、受け入れました。

　マタイによる福音書によれば、マリアが身ごもっていることを知ったヨセフが、密かにマリアと縁を切ろうと考えていると、天使がヨセフの夢に現れました。「恐れずマリアを妻に迎えなさい。マリアに宿った子は聖霊の働きによるのである。マリアは男の子を産む。その子をイエスと名付けなさい。この子は自分の民を罪から救うからである」（マタイ1：20-21）と天使が告げたのです。ヨセフは天使の言葉を信じて、マリアを受け入れることを決意したのでした。

イエスの誕生

　ルカによる福音書によれば、ローマ皇帝アウグストゥス（在位B.C.27 ～ A.D.14年）が出した住民登録の勅令によって、ヨセフは身ごもっていたマリアを連れ、ガリラヤのナザレから先祖ダビデ王の出身地ベツレヘムに出かけました。しかし、ベツレヘムの宿は旅人でどこも満員で、泊まる所がなかったのです。そのような間に、マリアは月が満ちて男の子を産み、産着にくるんで飼い葉桶に寝かせたのでした。

　すると、夜通し羊の群れの番のために野宿をしていた羊飼いたちのところに天使が現れます。「今日ダビデの町に、あなたがたのために救い主がお生まれになった。この方こそ主メシアである」と告げるのを聞いた羊飼いたちは、急いで出かけて行き、飼い葉桶に寝かせてある幼子を探しあて喜びにあふれました。8日

後に、マリアとヨセフは天使のお告げの通り幼子をイエスと名づけました。

　マタイによる福音書によれば、イエスが誕生したころ、東方の博士たちがエルサレムに来て、「ユダヤ人の王としてお生まれになった方は、どこにおられますか。私たちは東方でその方の星を見たので、拝みに来たのです」とヘロデ王のところに探しに来ました。これを聞いたヘロデ王

降誕（1400年ごろ）

は不安を抱き、幼子を見つけたら知らせるように博士たちに言いました。博士たちは東方で見た星にさらに導かれて、ベツレヘムの幼子イエスのところに到着します。彼らは幼子にひれ伏して拝み、宝の箱を開けて黄金、乳香、没薬を贈り物としてささげました。そして、夢で「ヘロデのところへ帰るな」とお告げを受けたので、別の道を通って自分たちの国に帰って行きました。ヘロデ王は、博士たちが別の道を通って帰ってしまったことを知って大いに怒り、ベツレヘムとその周辺一帯にいた2歳以下の男の子を

殺すよう命じました。

　再びヨセフの夢に天使が現れ、「幼子とその母を連れて、エジプトへ逃げ、私が告げるまで、そこにいなさい。ヘロデが、この子を探し出して殺そうとしている」と告げると、ヨセフは急いで夜のうちに幼子イエスとマリアを連れてエジプトに逃れました。そして、ヘロデが亡くなった後、ヨセフは家族を連れてナザレに帰り、イエスはナザレで育ちました。

　成長したイエスは30歳前後に洗礼者ヨハネから洗礼を受けました。そして、荒れ野で悪魔の試みに打ち勝った後、神の国を宣べ伝える宣教活動を始めます。

　イエスは、貧しい人と共に生き、病める人を癒やし、社会から排除されている人の友となり、差別や偏見に苦しむ人に寄り添い、人々の心を力づけていきました。このような宣教活動は約3年間行われ、この期間を特別に公生涯と呼びます。

十字架への道

　イエスの宣教活動は、貧しい人、病に苦しむ人、社会から排除された人に、多くの癒やしと救いをもたらしました。

　イエスはユダヤ教の最も大切な祭りである過越祭を祝うために、弟子たちと共にエルサレムにやって来ました。それまでのイエスの言動に神の救いと力を感じていた群衆は、自分たちの上着を道に敷き、木の枝を手に持って「ダビデの子にホサナ」（ホサナはヘブライ語で「救ってください」の意味）と王を迎えるように歓迎しました。

　イエスの教えや言動は、伝統的なユダヤ教を大胆に改革するも

のだったので、当時のユダヤ教の指導者たちにとっては受け入れがたいものでした。しばしば律法学者やファリサイ派の人々は、イエスに律法についての論争を挑みました。

十字架と復活 イエスの言動は、それまでの常識を覆し、神を冒瀆する許しがたいものと受け止められました。次第に、ユダヤ教の指導者たちは、イエスに大きな怒りと憎しみを抱くようになり、計略を用いてイエスを捕え、殺そうと相談しました。

そして、彼らはイエスの弟子のイスカリオテのユダを利用してイエスを捕え、ローマ帝国の総督ポンティオ・ピラトによる裁判を行い、イエスを鞭で打ち、「ユダヤ人の王、万歳」と侮辱し、イエスを十字架につけてしまいました。

イエスは十字架の上で、「父よ、彼らをお赦しください。自分が何をしているのか分からないのです」（ルカ23：34）と神に祈りました。また、イエスの最後の叫びとなった「わが神、わが神、なぜ私をお見捨てになったのですか」（マタイ27：46）は、「ダビデの賛美の歌」と言われている詩編22編1節からの引用です。なぜ自分を見捨てたのかという嘆きの言葉から始まりながらも、最終的には見捨てることのなかった神への信頼と賛美を歌っている祈りです。イエスはこの祈りの後、「父よ、私の霊を御手に委ねます」（ルカ23：46）と言って息を引き取りました。これを見ていた百人隊長は、「本当に、この人は正しい人だった」（ルカ23：47）と言い、神を賛美しました。

ところが、イエスの弟子たちは、自分たちの命が危うくなるこ

とを恐れ、みんな逃げ去ってしまいました。

　アリマタヤ出身のヨセフという議員が、イエスの遺体を引き取ることを願い出て、岩に掘った新しい墓の中にイエスの遺体を納めました。ところが、3日目の日曜日の朝、神はイエスを復活させます。ペトロとヨハネがイエスの墓を訪ねたところ、墓の石が取り除かれ、墓は空っぽだったのです。

　マグダラのマリアは、復活したイエスに最初に出会います。そして、イエスの復活を弟子たちに知らせに走りました。また、イエスの十字架によって絶望と挫折のうちに歩いていた弟子たちにも復活したイエスは現れ、聖書の言葉を解き明かし、十字架と復活の意味を教えると、弟子たちの心は再び熱く燃え始めました。

　復活したイエスは、40日間、弟子たちと共に過ごした後、彼らを祝福しながら天に上げられました。

　その後、弟子たちが集まって祈っていると、突然、神の力が一人ひとりに宿り、彼らは聖霊の力に満たされて、イエスの十字架と復活の出来事について堂々と証しを始めました。これがキリスト教の始まりとなりました。

ⒸⓄⓁⓊⓂⓃ

イエスの罪状書き　イエスが十字架につけられたとき、十字架の上部に「ナザレのイエス、ユダヤ人の王」（ヨハネによる福音書19：19）という罪状書きが打ちつけられました。ラテン語では「INRI」（IESUS NAZARENUS REX IUDAEORUM）と記され、イエスの受難をモチーフにした絵画によく見ることができます。この罪状書きは「ヘブライ語、ラテン語、ギリシア語で書かれていた」（ヨハネ19：20）と聖書は伝えています。

キリストの磔刑（たっけい）（ベラスケス、1631〜1632年ごろ）：この絵の罪状書きは、
聖書の記述に忠実に3つの言語で書かれています。

13
イエスの教え

　イエスは、神の国について、身近な題材を用いて教え、真理を語りました。福音書の中には、イエスが語ったたとえ話が数多く登場します。

　種を蒔く人のたとえ（マルコ4：1-9）、善いサマリア人のたとえ（ルカ10：25-37）、いなくなった息子のたとえ（ルカ15：11-32）、無くした銀貨のたとえ（ルカ15：8-10）、迷い出た羊のたとえ（マタイ18：10-14）、十人のおとめのたとえ（マタイ25：1-13）、タラントンのたとえ（マタイ25：14-30）などはよく知られています。

　イエスの中心的な教えとしてまとめられているのが山上の説教（マタイ5-7章）です。山上の説教は、イエスの教えを求めて集まってきた人々に、イエスが山の上で説教を語ったというスタイルで記されています。

　最初に出てくる8つの幸いでは、普通の考え方とは異なる逆説的な考え方を用いて、神の祝福に満ちた生き方を教えます。また、「地の塩・世の光」「敵を愛しなさい」「主の祈り」「思い煩うな」「求めなさい」「狭い門」「家と土台」などの言葉は、私たちの社会に広く知られています。

　イエスの数々の大切な教えは、大きくは以下の3つにまとめることができるでしょう。

命を愛する　イエスは、よく山や野原や湖といった自然の中で弟子たちに教えました。「空の鳥を見なさい。〔中略〕野の花がどのように育つのか、よく学びなさい」（マタイ6：26-28）と語り、この地球上に住む動物や自然が、神の大きな愛と恵みによって守られていること、それらが大変美しく生かされていることを教えました。

　そして、そのような神の愛と恵みの中で、私たちもまた神に愛され生かされていることに目を向けるよう促します。

　「まず神の国と神の義とを求めなさい。そうすれば、これらのものはみな添えて与えられる。だから、明日のことを思い煩ってはならない。明日のことは明日自らが思い煩う。その日の苦労は、その日だけで十分である。」（マタイ6：33-34）

　神を信頼して、今日の与えられた命を大切に生きることを教えたのです。

隣人を自分のように愛する　また、イエスは、隣人を自分のように愛することを教えました。「敵を愛し、迫害する者のために祈りなさい」（マタイ5：44）や「人にしてもらいたいと思うことは何でも、あなたがたも人にしなさい」（マタイ7：12）は、愛の心をもって積極的に隣人と関わることの大切さを説いています。

　新約聖書の時代、ユダヤ人とサマリア人は、もとは同じ民族でありながら対立していました。B.C.722年、イスラエル王国の滅亡後、サマリア地方に外国人が移住しました。また、サマリア人もアッシリアに移住させられる中で、外国人と結婚するなど、異

山上の説教（クロード・ロラン、1656年）：画面中央の山の上でイエスが説教をしています。

教の影響を受けていきました。律法を堅く守り、神の民としての民族意識を強く持っていたユダヤ人は、こうしたサマリア人を軽蔑し、差別し、互いに対立していきました。

　そのような状況の中で、イエスは善いサマリア人のたとえを語ります。イエスに論争を持ちかけた律法学者に対し、イエスは、強盗に襲われ道に倒れている人のそばを通りかかった3人の人物の行動を示して、隣人になるということの意味とその大切さを教えました。

イエスは人種や民族を超えて、すべての人々を自分の隣人として受け止め、自分から隣人となる主体的な愛の生き方を教えたのです。

平和をつくり出す　当時のユダヤ社会は、ローマ帝国による圧倒的な軍事的支配のもとに置かれていました。ローマ帝国の権力のもとで、「パックス・ロマーナ」（ラテン語で「ローマの平和」の意味）と呼ばれるほど、社会は安定と繁栄を得ていました。しかし、その繁栄の陰には、経済的に苦しい生活を強いられた人々や、罪人と見なされ排除された人々、病気のために清くない者と言われて差別や偏見に苦しみ社会から疎外された人々が大勢いました。

　イエスはそうした人々を慰め、励まし、癒やしの手を差し伸べ、彼らの友として寄り添いながら、救いの福音を宣べ伝えました。

　イエスは「平和を造る人々は、幸いである、その人たちは神の子と呼ばれる」（マタイ5：9）と平和を実現する生き方を教えました。そして、イエス自身が、神の祝福を宣言し、平和の象徴であるろばの子に乗ってエルサレムに入り、十字架の死に至るまで暴力や武力による支配を遠ざけ、愛と赦しと平和を実現する生き方を実践したのです。

Question

イエスの教えを実践した人物はたくさんいます。女性では、マザー・テレサや井深八重（1897〜1989年）がよく知られています。ほかにどのような人物がいるのか、調べてみましょう。

14
弟子たちの働き：ペトロ

「イエスは、ガリラヤ湖のほとりを歩いておられたとき、二人の兄弟、ペトロと呼ばれるシモンとその兄弟アンデレが、湖で網を打っているのを御覧になった。彼らは漁師だった。」（マタイによる福音書4：18）

ペトロと呼ばれるシモンはイエスの弟子の１人で、福音書の重要な部分に登場しています。このペトロを含め、特に弟子の中から選ばれた12人を使徒と呼び、ほかの弟子たちと区別することがあります。

「私に付いて来なさい。人間をとる漁師にしよう」（マタイ4：19）。イエスからこのように招かれたペトロについて、ここではマタイによる福音書を読み進めていきましょう。

ペトロの役割　イエスはペトロの家に行って、熱を出して寝込んでいたしゅうとめを治し、あるときには湖の上を歩きました。ペトロは同じように湖の上を歩こうとして失敗します。また、たとえ話を説明するようにイエスに頼みます。ペトロはイエスがモーセと預言者エリヤに出会う場面を見ていますし、さらに、神殿税についてイエスから「シモン、あなたはどう思うか」と問いかけられることさえありました。あるいは、ペト

ロからイエスに「主よ、きょうだいが私に対して罪を犯したなら、何回赦すべきでしょうか。七回までですか」と問いかけることで、神の国についての教えを導いていますし、たくさんの財産を持っていた青年がイエスの教えを受け入れることができない話では、イエスに従うことで「永遠の命を受け継ぐ」という答えを得ています。

　このように、ペトロは弟子の中でも特に重要な役割を果たしているように描かれています。ところが、26章から始まる受難と復活の出来事では、ペトロはイエスに「よく言っておく。今夜、鶏が鳴く前に、あなたは三度、私を知らないと言うだろう」（マタイ26:34）と予告されます。そしてイエスが捕えられた後、「あなたもガリラヤのイエスと一緒にいた」（マタイ26:69）と言われると、「何を言っているのか、分からない」（マタイ26:70）、「そんな人は知らない」（マタイ26:72）、さらに「ペトロは呪いの言葉さえ口にしながら、『そんな人は知らない』と誓い始めた」（マタイ26:74）というのです。このとき、ペトロはイエスの言葉を思い起こして「激しく泣いた」（マタイ26:75）と記されています。このように、ペトロは私たちと同じ弱さを持っている人物として描かれています。

　イエスの弟子となり歩んでいたペトロにはその後、重い役割が待っていました。イエスはペトロの長所も短所もすべて知った上で次のように言ったのです。「バルヨナ・シモン、あなたは幸いだ。あなたにこのことを現したのは、人間ではなく、天におられる私の父である。私も言っておく。あなたはペトロ。私はこの岩の上に私の教会を建てよう。陰府の門もこれに打ち勝つことはな

い。私はあなたに天の国の鍵を授ける。あなたが地上で結ぶこと
は、天でも結ばれ、地上で解くことは、天でも解かれる。」（マタ
イ16：17-19）

教会の誕生　ペトロはイエスのこの言葉を五旬祭（ペンテコス
テ）の日に行動に移します。「五旬祭の日が来て、
皆が同じ場所に集まっていると、突然、激しい風が吹いて来るよ
うな音が天から起こり、彼らが座っていた家中に響いた。そして、
炎のような舌が分かれ分かれに現れ、一人一人の上にとどまった。
すると、一同は聖霊に満たされ、霊が語らせるままに、他国の言
葉で話しだした」（使徒言行録2：1-4）。この様子を驚き怪しみなが
ら見ていた人たちに、ペトロは語りかけました。そして、「悔い
改めなさい。めいめい、イエス・キリストの名によって洗礼を受
け、罪を赦していただきなさい。そうすれば、聖霊の賜物を受け
るでしょう」（使徒言行録2：38）というペトロの言葉を受け入れ、
3,000人ほどの人々が仲間に加わったと記されています。

　こうしてペトロの働きを中心にして、最初の教会がつくられた
のです。この出来事が起こった日を私たちは聖霊降臨日と名づけ、
教会の誕生を祝っています。

　使徒たちの教えに従った人々の様子は次のように伝えられてい
ます。「信じた者たちは皆一つになって、すべての物を共有にし、
財産や持ち物を売っては、必要に応じて、皆がそれを分け合った。
そして、毎日ひたすら心を一つにして神殿に集まり、家ではパン
を裂き、喜びと真心をもって食事を共にし、神を賛美していたの
で、民衆全体から好意を寄せられた。こうして、主は救われる

人々を日々仲間に加えてくださったのである。」（使徒言行録2：44-47）

　ペトロや弟子たちの生き方は、私たちに人間のさまざまなあり方を示しています。聖書に登場する人々の生き方を見守ることもできるでしょうし、私たち自身をあてはめてみることもできるでしょう。聖書は登場人物を決して立派な手本として描いているわけではなく、いろいろな人生や神との関わり方を私たちに用意してくれているのです。

サン・ピエトロ大聖堂（バチカン）：ペトロを記念して建てられた聖堂で、カトリックの中心です。

Question

①ペトロは「ペトロと呼ばれるシモン」「ケファ」「岩」などさまざまな呼ばれ方をしています。どうして同じ人物を示すために言い換えをしているのか調べてみましょう。ペトロはギリシア語、ケファはアラム語です。

②弟子はどのように選ばれたのでしょうか。福音書の12人の弟子の選ばれ方と、使徒言行録の使徒マティアの選ばれ方をそれぞれ調べてみましょう。

15
弟子たちの働き：パウロ

迫害と殉教

「主を信じる者が男も女もますます増えていった。」（使徒言行録5：14）

　大祭司とその仲間のサドカイ派を中心とするユダヤ教の指導者たちは、イエスを救い主（キリスト）として信じる人々が増えてきたことに驚き、使徒たちの力をねたんで迫害を始めました。たとえば、重要な働きをしていたステファノに石を投げつけて殺してしまいます。「人々は大声で叫びながら耳を覆い、ステファノ目がけて一斉に襲いかかり、都の外に引きずり出して石を投げつけた。証人たちは、自分の上着を脱いで、サウロと言う若者の足元に置いた」（使徒言行録7：57-58）。このように、信仰のために命をささげることを殉教と言います。ステファノはキリストの教えを信じた人の中で最初の殉教者になったのです。

　ステファノが命をささげて信仰を守る姿を見ていた人々の中に、サウロがいました。「ステファノの殺害に賛成していた」（使徒言行録8：1）というサウロがどのような体験を経て、世界にキリストを証ししていくようになるのかを見ていきましょう。

サウロの回心

「サウロは教会を荒らし、家々に入って、男女を問わず引き出して牢に送っていた。」（使徒言

行録8：3)

　ユダヤ教に熱心なサウロは、迫害を嫌ってエルサレムから遠く
のダマスコへ逃げていたキリスト教徒を捕えようと旅に出ました。
ところが、その途中で不思議な体験をするのです。

　天から光が降り注ぎ、サウロは何も見えなくなってしまいます。

サウロの回心（15世紀）

そして次のような声を聞いたのです。「サウル、サウル、なぜ、私を迫害するのか。〔中略〕私は、あなたが迫害しているイエスである。立ち上がって町に入れ。そうすれば、あなたのなすべきことが告げられる。」（使徒言行録9：4-6）

サウロは3日の間、何も見えなくなり、食べることも飲むこともできなくなりました。同じころ、イエスは幻の中でアナニアという弟子にサウロを元通りにするよう言いました。すると、「たちまち目からうろこのようなものが落ち、サウロは元どおり見えるようになった。そこで、身を起こして洗礼（バプテスマ）を受け、食事をして元気を取り戻した」（使徒言行録9：18-19）。このサウロの経験を回心（かいしん）と言います。回心とは、キリストに出会い、キリストに従う生き方を選び取ることです。

この出来事を通してサウロは、イエスが救い主であるという教えを広めていくのです。

パウロの宣教旅行

ヘブライ語でサウロと呼ばれているこの人は、ギリシア語ではパウロと言います。パウロがどのような人であるのかは、パウロ自身の言葉で次のように紹介されています。「私は、キリキア州のタルソスで生まれたユダヤ人です。そして、この都で育ち、ガマリエルのもとで先祖の律法（りっぽう）について厳しい教育を受け、今日の皆さんと同じように、熱心に神に仕えてきました。私はこの道を迫害し、男女を問わず縛り上げて牢に送り、殺すことさえしたのです」（使徒言行録22：3-4）。また、彼の職業はテント造りだったと言われています（使徒言行録18：3）。

回心の経験を経て、パウロはバルナバに従いアンティオキアでイエスについて多くの人に教えました。この町でイエスの弟子たちが初めて「キリスト者」と呼ばれるようになりました（使徒言行録11：26）。

　あるとき、教会でパウロらが礼拝し、断食^{だんじき}をしていると、聖霊^{せいれい}が「さあ、バルナバとサウロを私のために選び出しなさい。私が前もって二人に決めておいた仕事に当たらせるために」（使徒言行録13：2）と告げました。こうして聖霊に送り出され、パウロとバルナバはアンティオキアから3回にわたって宣教のための旅に出ます。この宣教旅行が、イエスの教えが世界に広がっていく基礎となるのです。

ペトロとパウロ（エル・グレコ、1587〜1597年ごろ）：左がペトロ、右がパウロです。

第3章
はじめての聖書

16
旧約から①：はじめにあったこと

　フランシスコ・ザビエル（1506～1552年）が1549年にキリスト教信仰を日本に伝えてから、日本では主にキリスト教会や学校を通して聖書が知られるようになりました。ここからは、よく知られている聖書の物語を簡単に紹介していきましょう。

何もないところから：天地創造

　私たちが生きているこの世界はどのようにつくられたのか、古代の人々は豊かな想像力を用いて、創世記1章1節から2章25節で、2つの物語を伝えています。2つのまったく異なる仕方で聖書を書き始めたことには理由があります。私たちの世界には1つの事実を表すときに違った方法が準備されているということ、また、それぞれ方法は異なっていても大切なことを伝えることができるということを示そうとしているのです。

　「初めに神は天と地を創造された。地は混沌として、闇が深淵の面にあり、神の霊が水の面を動いていた」（創世記1：1-2）。何もないところから神は世界を創造したとされています。これをキリスト教では「無からの創造」（ラテン語でcreatio ex nihilo）と呼んでいます。

　「神は言われた。『光あれ。』すると光があった。神は光を見て

天地創造（ジョバンニ・デ・パオロ、「天地創造と楽園追放」の部分、1445年ごろ）

良しとされた。神は光と闇を分け、光を昼と呼び、闇を夜と呼ばれた。夕べがあり、朝があった。第一の日である」（創世記1：3-5）。初日に神がつくったのは、昼と夜の区別でした。2日目には空を、3日目には地、海と植物を、4日目には太陽と月、天体を、5日目には海の生き物と空の鳥を、6日目には地の生き物、そして人をつくりました。「神は人を自分のかたちに創造された。神のかたちにこれを創造し、男と女に創造された」（創世記1：27）。私たち人間は神に似せてつくられたのです。7日目には神は仕事を終えて休息しました。「神は第七の日を祝福し、これを聖別された。その日、神はすべての創造の業を終えて休まれたからである。」（創世記2：3）

　第1の創造物語では、神によって、目に見えない言葉が目に見える世界へと変えられていきます。神は自分がつくったものを見て、「良し」として満足しています。また、人は安息日とともに祝福されています。被造物の中でも、人はさらに「産めよ、増えよ、地に満ちて、これを従わせよ。海の魚、空の鳥、地を這うあらゆる生き物を治めよ」（創世記1：28）と言われています。これは、私たちが「神の似姿」（ラテン語でimago dei）であり、すべての被造物を神の意志に従って治める重い責任を負っているということを示そうとしているからなのです。

COLUMN

言葉の意味　「無からの創造」のクレアティオは「生み出す」を意味するラテン語で、英語のcreateの語源です。また、「神の似姿」のイマゴは「画像」を意味するラテン語で、英語のimageの語源です。

　第2の創造物語は、第1の創造物語のかた苦しい言い回しから一転して、まるでおとぎ話のように書き進められていきます。

　「神である主(しゅ)が地と天を造られたとき、地にはまだ野の灌木(かんぼく)もなく、野の草もまだ生えていなかった。神である主が地上に雨を降らせず、土を耕す人もいなかったからである」(創世記2:4-5)。そこで、「神である主は、土(アダマ)の塵(ちり)で人(アダム)を形づくり、その鼻に命の息を吹き込まれた。人はこうして生きる者となった」(創世記2:7)。何もないところから命をつくったというのです。さらに、神は「人が独りでいるのは良くない。彼にふさわしい助け手を造ろう」(創世記2:18)と、新しい命をつくりました。そして、エデンの園(その)に人を住まわせたと伝えられています。

Question

① 2つの創造物語をていねいに読んで、違いを比べてみましょう。

② ヨハネによる福音書は次のように始まります。「初めに言(ことば)があった。言は神と共にあった。言は神であった。この言は、初めに神と共にあった。万物(ばんぶつ)は言によって成(な)った。言によらずに成ったものは何一つなかった。言の内に成ったものは、命であった。この命は人の光であった。光は闇(やみ)の中で輝いている。闇は光に勝たなかった」(ヨハネ1:1-5)。この部分と創造物語を比べてみて、ここに隠されている意味を探してみましょう。

原罪：エデンの園

　創世記3章には、エデンの園という物語が書かれています。

　「神である主が造られたあらゆる野の獣の中で、最も賢いのは

蛇であった。蛇は女に言った。『神は本当に、園のどの木からも取って食べてはいけないと言ったのか。』女は蛇に言った。『私たちは園の木の実を食べることはできます。ただ、園の中央にある木の実は、取って食べてはいけない、触れてもいけない、死んではいけないからと、神は言われたのです。』蛇は女に言った。『いや、決して死ぬことはない。それを食べると目が開け、神のように善

誘惑（ヒューホ・ファン・デル・フース、1470年代）

悪を知る者となることを、神は知っているのだ。』女が見ると、その木は食べるに良く、目には美しく、また、賢くなるというその木は好ましく思われた。彼女は実を取って食べ、一緒にいた夫にも与えた。そこで彼も食べた。」（創世記3：1-6）

　ここには原罪という大切な考え方が表現されています。つまり、人は生まれながらにして、神に対して罪を負っているということです。実は、神は「園のどの木からでも取って食べなさい。ただ、善悪の知識の木からは、取って食べてはいけない。取って食べると必ず死ぬことになる」（創世記2：16-17）と人に命じていました。

聖書の信仰は神と人との約束、契約で成り立ちます。人は神の言葉に応える責任があるのです。言い換えると、私たちが約束を守ることや信頼に応えることを忘れること、これを聖書では罪と呼んでいるのです。

Ｑuestion

宗教や道徳での罪（英語でsin）と、法律での罪（英語でcrime）との違いを調べてみましょう。

　さらに、創世記4章では、カインとアベルという兄弟の物語が記されています。神がすべて「良しとされた」という世界に、まずアダムとエバによって罪が入り込み、カインによって人類最初の殺人が行われるのです。

　旧約聖書の世界は、私たちの日常を時代と空間を超えて、鮮やかに写し出していると言えるのです。

ＣＯＬＵＭＮ

インキビット
incipit　旧約聖書のモーセ五書（律法）は、最初に書かれている単語（言葉）が題名になっていました。文書の最初の言葉を、ラテン語でインキビットと言います。創世記は「はじめに」、出エジプト記は「名前」、レビ記は「呼ぶ」、民数記は「荒れ野」、申命記は「言葉」が最初の単語ですが、それらがもともと各文書の題名だったのです。現代では、ワープロソフトで文書を保存するとき、自動的に最初のいくつかの言葉を題名にする機能がついていますが、旧約聖書と同じです。実は古代の知恵が現代の最先端技術につながっているのです。

17
旧約から②：なぜだろう

神との約束：ノアの箱舟

「今こそ、私は地と共に彼らを滅ぼす。あなたはゴフェルの木で箱舟を造りなさい。」（創世記6：13-14）

　旧約聖書では古代の人々が共通して体験したことを神との関係に置き換えて伝えようとしていることがあります。古代文明は、大きな河川のほとりにその恵みを利用して豊かに芽生えました。しかし同時に、大きな河川はいつの時代にも絶え間なく人々を苦しめます。なぜ大きな災害が起こるのか、なぜ雨の降った後に空に美しい虹がかかるのか、ノアの箱舟として知られている物語に、旧約時代を生きた人々はその答えを探し出そうとしました。

　「主は、地上に人の悪がはびこり、その心に計ることが常に悪に傾くのを見て、地上に人を造ったことを悔やみ、心を痛められた。主は言われた。『私は、創造した人を地の面から消し去る。人をはじめとして、家畜、這うもの、空の鳥までも。私はこれらを造ったことを悔やむ。』だが、ノアは主の目に適う者であった。」（創世記6：5-8）

　神は、「極めて良かった」（創世記1：31）世界が次第に罪にあふれていくことに心を痛め、ついにすべてをやり直そうと思ったのです。しかし、すべてをリセットしようとしたそのとき、神は、

ノアの箱舟（ラファエロ派、16世紀）

「正しく、かつ全き人」（創世記6：9）であるノアに目をとめ、箱舟をつくってノアとその家族と生き物を乗せるように命じます。そして、洪水によって、それまでの罪は文字通り水に流され、箱舟に乗っていた命だけが助かったのです。

　その後、神はノアと彼の息子たちにこう言います。「雲に虹が現れるとき、私はそれを見て、神と地上のすべての肉なるあらゆる生き物との永遠の契約を思い起こす。〔中略〕これが、私と地上のすべての肉なるものとの間に立てた契約のしるしである。」（創世記9：16-17）

　雨上がりの空にかかる美しい虹を見て、人々は神によって罪が赦されたと思ったのでしょう。このような幻想的な光景に、神と人との関係を置き換えていったのです。

Question

ノアの箱舟の物語の中で、鳩と烏はどのような役目を果たしたでしょうか。また、虹はどのような意味を持っていると書かれているでしょうか。聖書を読んで確かめてみましょう。

思い上がり：バベルの塔

「全地は、一つの言語、同じ言葉であった。」（創世記11：1）

私たちはどうして違う言葉を話しているのでしょうか。川を挟んだだけで向こう岸の人々は言葉が違う、山を越えると理解できない標識がある、そのような経験をしたことはありませんか。みなさんは外国語として英語を学んでいます。学校によっては別の言葉を学ぶ機会があるかもしれません。外見が似ていても、住んでいる地域が隣り合っていても、言葉が違うことがあります。旧約時代の人々は、それをとても不思議に思いました。そこで、バベルの塔という物語を通してその理由を考え、説明しようとしたのです。

「さあ、我々は町と塔を築こう。塔の頂は天に届くようにして、名を上げよう。そして全地の面に散らされることのないようにしよう。」（創世記11：4）

私たちがみんな同じ言葉を使っていることを想像してみてください。どんなに便利でしょう。多くの時間と労力を割いて外国語を学ぶ必要などありません。世界は同じ言葉なのですから、大きな誤解も起こらないでしょう。天まで届く塔のある立派な町を建設することも、簡単にできるかもしれません。

「彼らは皆、一つの民、一つの言語で、こうしたことをし始め

た。今や、彼らがしようとしていることは何であれ、誰も止められはしない」。こうした理由で、神は私たち人間の言葉を乱したというのです。また、私たちを世界のすみずみまで散らしたと記されています。「それゆえ、この町の名はバベルと呼ばれた。主がそこで全地の言葉を混乱（バラル）させたからである。主はそこから彼らを全地の面に散らされた。」（創世記11：9）

　私たちは力を合わせて何かを成し遂げることに意義を感じます。しかし、考えてみると、これはよいことばかりではないのかもしれません。「一つの民、一つの言語」では、みんなが同じことだけに心を奪われてしまい、違うことを受け入れなくなってしまうこともあるでしょう。神は、そうしたことに警告を発していると理解することができるのではないでしょうか。聖書は、私たちが陥りやすい錯覚や誤解をわかりやすい物語で教えようとしているのです。

罪と救い　エデンの園、カインとアベル、ノアの箱舟、バベルの塔それぞれの物語が共通して私たちに伝えようとしていることがあります。それは、神が人間に与える救いのサイクルです。

　最初に神は世界を創造し、すべてを祝福して「良し」と思いました。しかし、人間は次第に神との約束を忘れ、わがままにふるまい始めます。その結果、さまざまな罪を犯し、神の怒りによって滅ぼされる寸前まで追い込まれます。ところが、人が悔い改めると、必ず神はその限りない愛によって、救いの手を差し伸べるのです。

18
旧約から③：
神の名前はYHWH

私はいる　聖書の神に名前はあるのでしょうか。十戒と呼ばれる最も基本になる律法に「あなたの神、主の名をみだりに唱えてはならない」（出エジプト記20：7）という項目があります。名前はあるのですが、簡単に呼びかけてはならないのです。しかも、モーセを通して教えた名前は「私はいる」（出エジプト記3：14）というものです。

　ヘブライ語はもともと子音だけで書かれていました。もちろん聖書が朗読されるときには母音が必要ですが、書かれることはありませんでした。8世紀から9世紀ごろに、マソラ学者と呼ばれる人たちによって母音記号が考え出されました。神の名前である「YHWH」が本来どのように発音されたのかは、実はわかっていません。ただ、現代では神の名前は「ヤハウェ」だろうと考えられています。この名前のもとの形はハーヤー（ヘブライ語で「存在する」の意味）で、そこから「私はいる」という表現になったと考えられています。

　「モーセは神に言った。『御覧ください。今、私はイスラエルの人々のところに行って、"あなたがたの先祖の神が私をあなたがたに遣わされました"と言うつもりです。すると彼らは、"その名は何か"と私に問うでしょう。私は何と彼らに言いましょう。』

神はモーセに言われた。『私はいる、という者である。』そして言われた。『このようにイスラエルの人々に言いなさい。"私はいる"という方が、私をあなたがたに遣わされたのだと。』重ねて神はモーセに言われた。『このようにあなたはイスラエルの人々に言いなさい。"あなたがたの先祖の神、アブラハムの神、イサクの神、ヤコブの神である主が私をあなたがたに遣わされました。"これこそ、とこしえに私の名、これこそ、世々に私の呼び名。』」（出エジプト記3：13-15）

　モーセは神に呼び出されて、重要な使命を与えられました。それは、エジプトで虐げられていたイスラエルの人々を助け出すことでした。神が私たち一人ひとりに与えた役割を、聖書では召命（ラテン語でvocatio、英語でvocation）と言います。モーセも召命を受けたのです。

　イスラエルの人々は過越祭の期間に、モーセに導かれ、多くの試練を乗り越えて、神が与えてくれると約束した土地へと旅立ちます。その途中で神はさまざまな方法で彼らを苦難から守りました。

COLUMN

過越祭　過越祭（ペサハ）は、イスラエルの人々がエジプトから脱出したことを記念するもので、神がエジプトに災いをもたらすときに、イスラエルの人々だけは過ぎ越した（英語でpassover）ことから名づけられました。これはユダヤ教三大祭りの1つです。ほかの2つは、七週の祭り（ペンテコステ）と仮庵祭（スコト）です。

最も重要な定め　聖書の信仰は、正典宗教（せいてんしゅうきょう）と呼ばれることがあります。書き記されている掟（おきて）、律法、規則や戒律を守ることが求められる信仰です。正典を信仰の柱としているユダヤ教、キリスト教、イスラームが正典宗教と呼ばれます。

　ユダヤ教とキリスト教の最も重要な定めを十戒（じっかい）と言います。聖書によれば、十戒は神が語り、石の板に刻みつけて、直接モーセに与えた、ただ1つの律法です（出エジプト記20：1-17）。

律法の石板を持つモーセ（クロード・ヴィニョン、17世紀）

十戒は「私は主、あなたの神、あなたをエジプトの地、奴隷の家から導き出した者である」（出エジプト記20：2）という前文から始まります。

十戒（出エジプト記による）

①あなたには、私をおいてほかに神々があってはならない。

②あなたは自分のために彫像を造ってはならない。

③あなたの神、主の名をみだりに唱えてはならない。

④安息日を覚えて、これを聖別しなさい。

⑤あなたの父と母を敬いなさい。

⑥殺してはならない。

⑦姦淫してはならない。

⑧盗んではならない。

⑨隣人について偽りの証言をしてはならない。

⑩隣人の家を欲してはならない

前半の4つは神と人との関係について、後半の6つは人の行いについて定めています。ただ、ユダヤ教では最初の5つを神と人との関係と考えているようです。5番目の「あなたの父と母を敬いなさい」は、創造主としての神をイメージしているのです。

Question

十戒を現代の私たちの生活にあてはめてみると、どのような表現にすることができるでしょうか。クラスやキャンプでみなさんの十戒をつくってみましょう。

19
旧約から新約へ

言葉のかけ橋

新約聖書には旧約聖書の言葉が引用されています。どの場面でどこから引用されているかを理解することで、聖書の教えがはっきりわかることがあります。また、引用されるときには多くの場合、引用のサインが出されています。新約聖書で「聖書」と言うときには、旧約聖書を指しています。イエスが「聖書にこう書いてある」と言うときも、旧約聖書を指しています。このことがどのような役割を持っているのか、いくつかの例を見ていくことにしましょう。

引用のサイン①：聖書

「イエスは言われた。『聖書にこう書いてあるのを、まだ読んだことがないのか。"家を建てる者の捨てた石、これが隅の親石となった。これは主がなさったことで、私たちの目には不思議なこと。"』」（マタイによる福音書21：42）

　イエスが引用しているのは、詩編118編22節です。聖書は口伝によって保存されていたため、イスラエルの人々はイエスの言葉を聞くと、この詩編が思い浮かんだと考えられます。聖書は、このように一部分を示すことで全体の意味を思い起こさせるように書かれているのです。

13世紀末の羊皮紙聖書

　聖書をキーワードにした引用のサインには、ほかに「聖書に書いてあるとおりに」「聖書の言葉が実現する」などがあります。旧約聖書に書かれていることがイエスの時代に実現していく様子を確かめることで、神の計画が聖書全体に貫かれていることを理解することができるのです。

引用のサイン②：預言者

「預言者イザヤによって、『荒れ野で叫ぶ者の声がする。"主の道を備えよ、その道筋をまっすぐにせよ"』と言われたのは、この人のことである。」（マタイ3：3）

　この部分はイザヤ書40章3節の引用で、クリスマスによく朗読されています。旧約聖書で預言されたことがイエスによって現実の出来事へと変えられていくことを示しています。

ダビデの物語を書き取る聖書記者たち

　もう1つこの引用箇所で注意しなければならないことがあります。聖書協会共同訳聖書の巻末付録「新約聖書における旧約聖書からの引用箇所一覧表」を見ると、この引用箇所には「LXX」という記号がつけられているということです。「LXX」はラテン数字で70を表し、ヘブライ語聖書からギリシア語に翻訳された七十人訳聖書（ラテン語でセプチュアギンタ、「70」の意味）の略称として用いられます。つまり、この引用箇所は、七十人訳聖書がもとになっていることを示しているのです。

　聖書のギリシア語への翻訳事業は、ヘブライ語を理解できないギリシア語圏のユダヤ人や改宗者のためだったと言われていますが、このような大きな書物が翻訳されたことは、画期的な出来事だったと考えられます。

Question

ラテン数字で50はL、10はXで表します。七十人訳聖書を示す「LXX」は、50と10と10で合計70になるというわけです。それでは、100と1,000はそれぞれどの文字を使うのか調べてみましょう。また、ギリシア語とヘブライ語の文字も数字で表すことができます。あわせて調べてみましょう。

引用のサイン③：「書いてある」

「イエスはお答えになった。『"人はパンだけで生きるものではなく、神の口から出る一つ一つの言葉によって生きる"と書いてある。』」（マタイ4：4）

これは申命記8章3節の引用です。聖書の中でもよく知られている部分の1つですが、本当の意味を探るためには、申命記の文脈の中でこの言葉を読まなければなりません。この言葉だけを抜き出して理解することはできないのです。

たとえば、「このすべてのことが起こったのは、主が預言者を通して言われたことが実現するためであった」（マタイ1：22）という一節があります。聖書（旧約聖書）の預言が実現するためといった表現によって、新約と旧約という聖書の大きな2つの部分が神の計画によって1つに結びつけられていることがわかるのです。

これまで見てきたように、新約聖書は、多くの部分が旧約聖書からの引用で成り立っています。ですから、私たちが聖書を読むときには新約と旧約の両方の関係を確かめなければなりません。そうすることで、神の言葉やイエスの話は、一段と鮮やかに理解することができるのです。

なお、新約聖書での旧約の引用箇所は、前述した聖書協会共同訳聖書の巻末付録の一覧表で大まかに確かめることができます。

旧約から新約へ

旧約聖書から新約聖書の世界へと入っていくために、イエスの誕生物語を手がかりにして、どのように旧約の預言が新約で実現していくのかを調べてみまし

ょう。

　イエスの誕生物語は、マタイによる福音書1章1節から2章23節と、ルカによる福音書1章5節から2章52節に、それぞれ記されています。旧約聖書で見てきたように、同じ事柄について2つの報告があるということには何か意味が隠されていると考えられます。このような視点から2つの誕生物語を読み比べてみましょう。マタイによる福音書は預言者イザヤの言葉やミカ書を引用していますが、ルカによる福音書は独自の記録を残していることに注目して、よく知られている箇所を引用されている部分も含めて読んでみましょう。

● 「見よ、おとめが身ごもって男の子を産み、その名をインマヌエルと呼ぶ。」（イザヤ書7：14、マタイ1：23に引用）

● 「エフラタのベツレヘムよ、あなたはユダの氏族の中では最も小さな者。あなたから、私のために、イスラエルを治める者が出る。その出自は古く、とこしえの昔に遡る。」（ミカ書5：1、マタイ2：6に引用）

COLUMN

トーラー　旧約聖書のモーセ五書（創世記、出エジプト記、レビ記、民数記、申命記）のことをトーラー（ヘブライ語で「教え」「律法」の意味）と言います。新約聖書では、このトーラーとイザヤ書をはじめとする預言書、詩編などが多く引用されています。

エステル記が書かれている巻物（イスラエル博物館）

トーラーが書かれている巻物（イスラエル博物館）

20
新約から①：山上の説教

イエスの説教　「人はパンだけで生きるものではない」をはじめ、聖書には印象に残る言葉や文章がちりばめられていますが、本当の意味を理解するには、全体の枠組みを知る必要があります。

たとえば、「人はパンだけで生きるものではない」（マタイによる福音書4：4）という言葉は、以下の申命記8章3節からの引用です。「そしてあなたを苦しめ、飢えさせ、あなたもその先祖も知らなかったマナを食べさせられた。人はパンだけで生きるのではなく、人は主の口から出るすべての言葉によって生きるということを、あなたに知らせるためであった」。もしこの箇所を「人はパンで生きるものではない」と誤解して切り取ってしまうと、本当に聖書が語りかけようとしている意味が損なわれるに違いありません。

マタイによる福音書の5章から7章は山上の説教と呼ばれ、イエスの大切な教えに数えられています。ここでも旧約聖書が引用されていますが、イエスがその内容をどのように伝えているのかということにも注意しながら読んでいきましょう。

新しい理解　**復讐してはならない**　「あなたがたも聞いているとおり、『目には目を、歯には歯を』と言われて

いる。しかし、私は言っておく。悪人に手向かってはならない。誰かがあなたの右の頬を打つなら、左の頬をも向けなさい。」(マタイ5：38-39)

　イエスは旧約時代の問題解決の方法に、新しい提案をしています。罪に対して罰で応える連鎖を断ち切ろうというのです。このことは次の言い方でも明らかになっていきます。

　敵を愛しなさい　「あなたがたも聞いているとおり、『隣人を愛し、敵を憎め』と言われている。しかし、私は言っておく。敵を愛し、迫害する者のために祈りなさい。天におられるあなたがたの父の子となるためである。父は、悪人にも善人にも太陽を昇らせ、正しい者にも正しくない者にも雨を降らせてくださるからである。自分を愛してくれる人を愛したところで、あなたがたにどんな報いがあろうか。」(マタイ5：43-46)

　イエスはそれまでの人と人との関係を完全に変えようとしています。そこには人の思いではなく、神の愛の姿が現れてくるのです。そして、人生への新たな希望を示すのです。

　求めなさい　「求めなさい。そうすれば、与えられる。探しなさい。そうすれば、見つかる。叩きなさい。そうすれば、開かれる。誰でも、求める者は受け、探す者は見つけ、叩く者には開かれる。」(マタイ7：7-8)

　この命令は、私たちに祈ることを求めています。祈りによって神は時空を乗り越えて私たちと愛の関係をつくろうとしているのです。そして、祈りは神によって聞き入れられ、求める愛は与えられ、探している愛は見つかり、愛への入り口の門は開かれるのです。

21
新約から②：たとえ話

なぜたとえ話を用いるのか　イエスはたとえ話を使って神の世界を伝えようとしました。当時の人々にとって、わかりやすかったからでしょう。しかし、現代の私たちにとっては説明が必要なことがあります。聖書が書かれた時代のことを学ぶ必要があるのは、このためです。

なぜイエスがたとえ話を用いたのか、聖書に耳を傾けてみましょう。

「弟子たちはイエスに近寄って、『なぜ、あの人たちにはたとえを用いてお話しになるのですか』と言った。イエスはお答えになった。『あなたがたには天の国の秘義を知ることが許されているが、あの人たちには許されていないからである。持っている人はさらに与えられて豊かになるが、持っていない人は持っているものまでも取り上げられる。だから、彼らにはたとえを用いて話すのだ。見ても見ず、聞いても聞かず、悟りもしないからである。』」
（マタイによる福音書13：10-13）

種を蒔く人のたとえ　ここでは、種を蒔く人のたとえ話を読んでみましょう。

「イエスはたとえを用いて多くのことを語られた。『種を蒔く人

パレスチナの麦畑

が種蒔きに出て行った。蒔いている間に、ある種は道端に落ち、鳥が来て食べてしまった。ほかの種は、石だらけで土の少ない所に落ち、そこは土が浅いのですぐに芽を出した。しかし、日が昇ると焼けて、根がないために枯れてしまった。ほかの種は茨の上に落ち、茨が伸びてそれを塞いでしまった。ほかの種は良い土地に落ち、実を結んで、あるものは百倍、あるものは六十倍、あるものは三十倍にもなった。耳のある者は聞きなさい。』」（マタイ13：3-9）

　このたとえ話にはイエス自身による説明がついています。また、このたとえ話は、マルコによる福音書（マルコ4：3-9）とルカによる福音書（ルカ8：5-8）にも記されています。このように同じ題材やテーマを用いても、少しずつ表現の方法や話の流れが異な

ることがあります。イエス自身の説明を見ることにしましょう。

　「だから、種を蒔く人のたとえを聞きなさい。誰でも御国（みくに）の言葉を聞いて悟らなければ、悪い者が来て、心の中に蒔かれたものを奪い取る。道端に蒔かれたものとは、こういう人である。石だらけの所に蒔かれたものとは、御言葉（みことば）を聞いて、すぐに喜んで受け入れるが、自分には根がないので、しばらくは続いても、御言葉のために苦難や迫害が起こると、すぐにつまずいてしまう人である。茨の中に蒔かれたものとは、御言葉を聞くが、世の思い煩（おも）い（わずら）や富の誘惑が御言葉を塞いで実を結ばない人である。良い土地に蒔かれたものとは、御言葉を聞いて悟る人であり、あるものは百倍、あるものは六十倍、あるものは三十倍の実を結ぶのである。」（マタイ 13：18-23）

　並行記事　このようにイエス自身が答えを用意しているたとえ話はわかりやすいのですが、多くの場合、私たちにそのたとえ話の意味を問い、私たちに答えを見いだすように促しています。ここでは、よく知られている羊のたとえ話を例にとります。

　「あなたがたはどう思うか。ある人が羊を百匹持っていて、その一匹が迷い出たとすれば、九十九匹を山に残して、迷い出た一匹を捜（さが）しに行かないだろうか。」（マタイ 18：12）

　マタイによる福音書では、羊は迷い出ています。一方、ルカによる福音書では、羊は見失われています。

　「あなたがたのうちに、百匹の羊を持っている人がいて、その一匹を見失ったとすれば、九十九匹を荒れ野（あ）（の）に残して、見失った

一匹を見つけ出すまで捜し歩かないだろうか。」（ルカ15：4）

　迷い出た羊と見失った羊、99匹と1匹という大げさな比べ方を用いて、それぞれの舞台装置を生かして、大切なメッセージを私たちに伝えようとしているのです。

　このように複数の福音書に記されている物語やたとえ話を並行記事（へいこう）と呼ぶことがあります。それぞれの福音書の記者が自分の経験や知識、イエスとの関係というフィルターを通して自分の仕方で表現しています。ですから、同じ出来事でも少しずつ違う書き方になっているのです。一方で、善（よ）いサマリア人のたとえ（ルカ10：25-37）のように、よく知られているたとえ話であっても、ある福音書に一度だけしか記されていない記事があります。これはルカによる福音書とヨハネによる福音書に見られる特徴です。

　聖書協会共同訳聖書では、並行箇所は小見出しの部分に示されています。比べて読んでみることで、たとえ話が何を指し示そうとしているのか、はっきりとわかることがあるのです。

（Q）uestion

複数の福音書に記されている次のたとえ話を比べて読んでみましょう。

- 断食（だんじき）についての問答（マタイ9：14-17、マルコ2：18-22、ルカ5：33-39）

- からし種とパン種のたとえ（マタイ13：31-33、マルコ4：30-32、ルカ13：18-21）

- タラントンのたとえ（マタイ25：14-30、ルカ19：11-27）

22
新約から③：奇跡

　現代に生きる私たちは、科学を学んでいます。特に、自然科学は私たちが知性と理性で理解できる原理や法則などで成り立っています。ところが、聖書の世界には心や魂でしか理解することのできない奇跡と呼ばれる出来事も含まれています。

病気を癒やす　「イエスはペトロの家に行き、そのしゅうとめが熱を出して寝込んでいるのを御覧になった。イエスが手に触れられると、熱は引き、しゅうとめは起き上がってイエスに仕えた。夕方になると、人々は悪霊に取りつかれた者を大勢連れて来た。イエスは言葉で霊どもを追い出し、病人を皆癒やされた。こうして、預言者イザヤを通して言われたことが実現した。『彼は私たちの弱さを負い、病を担った。』」（マタイによる福音書8：14-17）

　奇跡の代表的な出来事は病気を癒やす場面です。ここでは、旧約聖書の預言者イザヤを通して語られた神の言葉が実現するためであると奇跡物語の意味が説明されています。あるいは、この時代には考えられないような病人に対する接し方が奇跡としてとらえられたのかもしれません。

　「安息日になったので、イエスは会堂で教え始められた。多く

の人々はそれを聞いて、驚いて言った。『この人は、このような
ことをどこから得たのだろうか。この人の授かった知恵と、その
手で行われるこのような奇跡は一体何か。』」（マルコによる福音書
6：2）

エリコの盲人を癒やす（プッサン、17世紀）

「イエスが舟に乗り込まれると、弟子たちも従った。すると、湖に激しい嵐が起こり、舟は波に呑まれそうになった。ところが、イエスは眠っておられた。弟子たちは近寄って起こし、『主よ、助けてください。このままでは死んでしまいます』と言った。イエスは言われた。『なぜ怖がるのか。信仰の薄い者たちよ。』そして、起き上がって風と湖とをお叱りになると、すっかり凪になった。人々は驚いて、『一体、この方はどういう人なのだろう。風や湖さえも従うではないか』と言った。」（マタイ8：23-27）

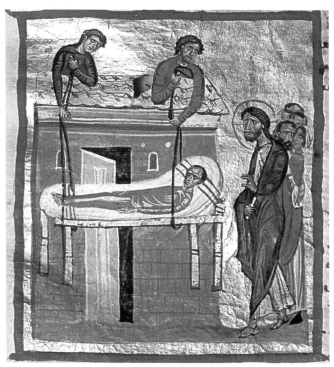

カファルナウムの中風の人を癒やす（17世紀）

このように、イエスはしばしば自然の営みの中でも神の働きを示そうとしています。また、自然科学の範囲では理解できないような行いをすることで自分のイメージを人々の心に強く残そうとしたのです。

五千人に食べ物を与える

「夕方になったので、弟子たちが御もとに来て言った。『ここは寂しい所で、もう時間もたちました。群衆を解散し、村へ行ってめいめいで食べ物を買うようにさせてください。』イエスは言われた。『行かせることはない。あなたがたの手で食べ物をあげなさい。』弟子たちは言った。『ここにはパン五つと魚二匹しかありません。』イエスは、『それをここに持って来なさい』と言い、群衆には草の上に座るようにお命じになった。そして、五つのパンと二匹の魚を取り、天を仰いで祝福し、パンを裂いて弟子たちにお渡しになり、弟子たちはそれを群衆に配った。人々は皆、食べて満腹した。そして、余ったパン切れを集めると、十二の籠いっぱいになった。食べた人は、女と子どもを別にして、男が五千人ほどであった。」（マタイ14：13-21）

4つの福音書すべてに記されているこの記事もまた私たちの日常生活では考えられない出来事です。このような物語は文字通りの言葉だけで理解することはできません。言葉や物語全体から読み取ることができる隠された意味や福音書の記者たちが伝えたいと願ったメッセージに私たちがしっかりと心を向けることが必要なのです。

23
新約から④：受難と復活

　キリスト教で最も大切な出来事は、イエスの受難と復活です。イエスが私たちすべての罪を背負って十字架につき、死を克服して復活したという出来事です。

　マタイによる福音書の聖書協会共同訳聖書の小見出しを使って、その道筋をたどってみましょう。「イエスを殺す計略」「ユダ、裏切りを企てる」「主の晩餐」「ペトロの離反を予告する」「ゲッセマネで祈る」「裏切られ、逮捕される」「最高法院で裁判を受ける」「ピラトに引き渡される」「ユダ、自殺する」「ピラトから尋問される」「死刑の判決を受ける」「十字架につけられる」「イエスの死」「墓に葬られる」「復活する」「弟子たちを派遣する」と結末まで続いて記されています。ここでは、この出来事が起こる前にイエス自身が死と復活を予告する場面を読むことにしましょう。

死と復活を予告する　「この時から、イエスは、ご自分が必ずエルサレムに行き、長老、祭司長、律法学者たちから多くの苦しみを受けて殺され、三日目に復活することになっている、と弟子たちに打ち明け始められた。すると、ペトロはイエスを脇へお連れして、いさめ始めた。『主よ、とんでもないことです。そんなことがあってはなりません。』イエスは

振り向いてペトロに言われた。『サタン、引き下がれ。あなたは私の邪魔をする者だ。神のことを思わず、人のことを思っている。』それから、弟子たちに言われた。『私に付いて来たい者は、自分を捨て、自分の十字架を負って、私に従いなさい。自分の命を救おうと思う者は、それを失い、私のために命を失う者は、それを得る。たとえ人が全世界を手に入れても、自分の命を損なうなら、何の得があろうか。人はどんな代価を払って、その命を買い戻すことができようか。人の子は、父の栄光に輝いて天使たちと共に来るが、その時、それぞれの行いに応じて報いるのである。よく言っておく。ここに立っている人々の中には、人の子が御国（みくに）と共に来るのを見るまでは、決して死なない者がいる。」（マタイによる福音書16：21-28）

イエスの復活への道は、新しいことを始めるときに用いられる「この時から」という言葉で導かれます。イエスは弟子たちに、苦難と十字架の死に続いて起こる救いの時を知らせたのです。

神の計画　神の計画は私たち人間の罪をイエスの死と復活を通して赦（ゆる）すという壮大なものです。イエスが救い主（すくいぬし）と呼ばれるのはこのためです。そして、イエスは復活して弟子たちの前に現れ、再臨（さいりん）を約束しました。この出来事を通して、神の救いの計画は弟子たちによって世界へ広められていくのです。

COLUMN

再臨　イエスは天に昇るけれども、再び来て最後の審判を行い、神の国を実現するという信仰を再臨と言います。

24
聖書やキリスト教に由来する日常の言葉

　キリスト教が私たちの文化に影響を与え始めてから、聖書やその考え方を源とする数多くの言葉が日々の生活の中で使われています。ここではよく使われる言葉（慣用句）や聖書で用いられている意味から変化している言い回しなどを中心に紹介していきます。

　西暦　イエスの誕生を軸につくられた暦です。B.C. は「キリスト以前」（英語で Before Christ）、A.D. は「主の年」（ラテン語でAnno Domini）のそれぞれ省略形として用いられています。ただ、さまざまな信仰や思想に配慮して、「キリスト」や「主」を用いない表記の BCE（英語で Before Common Era の略）と CE（英語で Common Era の略）を使用することもあります。

　新しい酒は新しい革袋に　新しい試みをしようとする場合に用いられることがあります。聖書時代のぶどう酒を入れる革袋は動物の皮でできていたので、新しいぶどう酒を入れるとその発酵する力で古い革袋は破れてしまったのでしょう。イエスは律法を固定されたあり方から人を生かすための理解へと変えていきました。「誰も、新しい服から布切れを切り取って、古い服に継ぎを当てたりはしない。そんなことをすれば、新しい服も破れるし、新しい服から取った布切れも古いものには合わないだろう。また、誰

も、新しいぶどう酒を古い革袋に入れたりはしない。そんなことをすれば、新しいぶどう酒は革袋を破って流れ出し、革袋も駄目になる。新しいぶどう酒は新しい革袋に入れねばならない。古いぶどう酒を飲めば、誰も新しいものを欲しがらない。『古いものが良い』と言うのである。」（ルカによる福音書5：36-39）

　　アルファ・オメガ　新約聖書のほとんどの部分は、ギリシア語で書かれています。ギリシア語のアルファベットはＡ（α）に始まり、Ω（ω）に終わります。ですから、アルファ・オメガという表現は「すべて」を表しています。聖書には天地創造の初めから世の終わりまでの壮大な世界が表されています。英語などの「アルファベット」という語は、ギリシア語24文字の最初の2文字であるαとβの2文字が語源です。「また、私に言われた。『事は成った。私はアルファであり、オメガである。初めであり、終わりである。渇いている者には、命の水の泉から価なしに飲ませよう。」（ヨハネの黙示録21：6）

父なる神と二聖女（フラ・バルトロメオ、1508年）：画面中央の神が「アルファ・オメガ」と書かれた書物を持っています。

カイザルのものはカイザルに　一般的には、本来の持ち主に返すという意味で使います。聖書では、神への服従と国に対する義務は別のものなので両方とも大切にすることに問題はない、という意味にとることができます。「『ところで、どうお思いでしょうか、お答えください。皇帝に税金を納めるのは許されているでしょうか、いないでしょうか。』イエスは彼らの悪意に気付いて言われた。『偽善者たち、なぜ、私を試そうとするのか。税金に納める硬貨を見せなさい。』彼らがデナリオン銀貨を持って来ると、イエスは、『これは、誰の肖像と銘か』と言われた。彼らは、『皇帝のものです』と言った。すると、イエスは言われた。『では、皇帝のものは皇帝に、神のものは神に返しなさい』」（マタイによる福音書22：17-21）。このイエスの最後の言葉が、1955年に日本語に翻訳された聖書（口語訳聖書）では「カイザルのものはカイザルに、神のものは神に返しなさい」となっていて、広く知られています。

偽善者　表面上は白く美しく塗られている墓でも、その内部は汚れています。このように、うわべだけで、心にもない善行を見せつける人を偽善者と言います。「律法学者たちとファリサイ派の人々、あなたがた偽善者に災いあれ。あなたがたは白く塗った墓に似ている。外側は美しく見えるが、内側は死者の骨やあらゆる汚れで満ちている。」（マタイ23：27）

砂上の楼閣　見かけはとても立派でも、砂の上につくられているために簡単に壊れてしまうことから、土台のしっかりしていない人格や信仰を表しています。「そこで、私のこれらの言葉を聞いて行う者は皆、岩の上に自分の家を建てた賢い人に似ている。

雨が降り、川が溢れ、風が吹いてその家を襲っても、倒れなかった。岩を土台としていたからである。私のこれらの言葉を聞いても行わない者は皆、砂の上に自分の家を建てた愚かな人に似ている。雨が降り、川が溢れ、風が吹いてその家に打ちつけると、倒れて、その倒れ方がひどかった。」（マタイ7：24-27）

タレント　英語のtalentは「才能」を意味しますが、これは古代ギリシアの通貨単位タラントンに由来します。イエスのタラントンのたとえ話によれば、神は私たちに使いきれないほどの才能や素質を与えてくれていて、私たちがそれに気づき、いかに生かしていくことができるかが大切なことなのです。「天の国は、ある人が旅に出るとき、僕たちを呼んで、自分の財産を預けるようなものである。それぞれの力に応じて、一人には五タラントン、一人には二タラントン、もう一人には一タラントンを預けて、旅に出た。早速、五タラントン受け取った者は出て行き、それで商売をして、ほかに五タラントンもうけた。同じように、二タラントン受け取った者も、ほかに二タラントンもうけた。しかし、一タラントン受け取った者は、出て行って穴を掘り、主人の金を隠した。」（マタイ25：14-18）

地の塩・世の光　塩は私たちにとって欠くことのできないものです。「給料」を意味する英語のsalaryは、ラテン語で塩を表すサラリウムがもとになっています。イエスの時代には、塩は貴重だったので給料として支払われていました。「あなたがたは地の塩である。だが、塩に塩気がなくなれば、その塩は何によって塩味が付けられようか。もはや、塩としての力を失い、外に投げ捨てられ、人々に踏みつけられるだけである」（マタイ5：13）。一方、

「世の光」という表現は、ロウソクのように自分のためでなく周囲に光を与えることを意味しています。生きることに必要で腐敗を防ぐ塩のように、また、暗いところを明るくする光のように、社会や人々の手本になることを求める言葉です。

　一粒の麦　隣人（りんじん）のために自らを犠牲にすることは聖書の世界ではとても意味のあることだと教えられています。日常生活でも、私たちは多かれ少なかれ、自己犠牲に心を動かされます。「よくよく言っておく。一粒の麦は、地に落ちて死ななければ、一粒のままである。だが、死ねば、多くの実を結ぶ。自分の命を愛する者は、それを失うが、この世で自分の命を憎む者は、それを保って永遠の命に至る。」（ヨハネによる福音書12：24-25）

　日々の糧（かて）　イエスが弟子たちに示した祈り（主の祈り）に含まれています。ここには、生物として生きるための糧と、人として生きるための（精神的な）糧の両方が必要であることが表現されています。「私たちに日ごとの糧を今日お与えください」（マタイ6：11）。55年訳聖書では「わたしたちの日ごとの食物（きょう）を」と訳されています。

　豚に真珠　一般には価値のあるものも、それが理解できないと意味がないことを示しています。福音書では「人を裁くな」という文脈で出てくる表現ですが、本当に大切なことは見極めることができないということを暗示しています。「聖なるものを犬に与えてはならない。また、豚の前に真珠を投げてはならない。豚はそれを足で踏みつけ、犬は向き直って、あなたがたを引き裂くであろう。」（マタイ7：6）

　迷える子羊　どうしてよいかわからずに、迷っている様子の意

味で使われています。聖書では、神の用意した生きる道を踏み外したり、それを見失ったりしている人を指します。迷い出た羊のたとえ（マタイ 18：10-14）、見失った羊のたとえ（ルカ 15：1-7）がこの表現のもとになっています。

　目からうろこ　ある事件や出来事がきっかけになって、それまでわからなかったり、誤解していたりしたことが急に理解できるようになることを意味しています。イエスを迫害していたサウロ（パウロ）がイエスに出会い、回心する場面に由来しています。

　目には目　バビロニアのハンムラビ法典からの引用ですが、「目には目で、歯には歯で」が正しい条文と言われています。被害にあったのと同じことを加害者に報復してもよいという意味と理解されていますが、本来は仕返しの連鎖を止めようという意図が隠されています。これをタリオの法と言います。イエスはそのことに気づき、さらに一歩進んで、犯した罪さえも赦すようにと私たちに教えています。「あなたがたも聞いているとおり、『目には目を、歯には歯を』と言われている。しかし、私は言っておく。悪人に手向かってはならない。誰かがあなたの右の頬を打つなら、左の頬をも向けなさい。」（マタイ 5：38-39）

ハンムラビ法典が刻まれた石柱

資　料

主の祈りと十戒

　キリスト教の大切な伝承には、ルーツが同じでも、教派やグループによって表現や翻訳に違いが出てくることがあります。代表的な祈祷文である主の祈り（マタイによる福音書6：9-13、ルカによる福音書11：2-4）と律法の基本である十戒（出エジプト記20：3-17、申命記5：7-21）を異なった翻訳で紹介します。

主の祈り

●1880年訳

天にまします我らの父よ。
ねがわくは御名をあがめさせたまえ。
御国を来たらせたまえ。
みこころの天になるごとく、
地にもなさせたまえ。
我らの日用の糧を、今日も与えたまえ。
我らに罪をおかす者を、我らがゆるすごとく、
我らの罪をもゆるしたまえ。
我らをこころみにあわせず、
悪より救いだしたまえ。
国とちからと栄えとは、
限りなくなんじのものなればなり。
アーメン。

●日本キリスト教協議会（NCC）統一訳

天の父よ
み名があがめられますように。
み国が来ますように。
みこころが天で行なわれるように
地上でも行なわれますように。
わたしたちに今日もこの日のかてをお与え下さい。
わたしたちに罪を犯した者をゆるしましたから
わたしたちの犯した罪をおゆるし下さい。
わたしたちを誘惑から導き出して
悪からお救い下さい。
み国も力も栄光も
とこしえにあなたのものだからです。
アーメン。

●カトリック、聖公会訳

天におられるわたしたちの父よ、
み名が聖とされますように。
み国が来ますように。
みこころが天に行われるとおり
地にも行われますように。
わたしたちの日ごとの糧を
今日もお与えください。
わたしたちの罪をおゆるしください。
わたしたちも人をゆるします。
わたしたちを誘惑におちいらせず、
悪からお救いください。
国と力と栄光は、永遠にあなたのものです。
（アーメン）

十　戒

●正教会、プロテスタント教会（ルーテル教会を除く）

①主が唯一の神であること。
②偶像を作ってはならないこと（偶像崇拝の禁止）。
③神の名をみだりに唱えてはならないこと。
④安息日を守ること。
⑤父母を敬うこと。
⑥殺人をしてはいけないこと（汝、殺すなかれ）。
⑦姦淫をしてはいけないこと。
⑧盗んではいけないこと。
⑨偽証してはいけないこと（嘘を言ってはならない）。
⑩隣人の家をむさぼってはいけないこと。

●カトリック教会、ルーテル教会

わたしはあなたの主なる神である。
①わたしのほかに神があってはならない。
②あなたの神、主の名をみだりに唱えてはならない。
③主の日を心にとどめ、これを聖とせよ。
④あなたの父母を敬え。
⑤殺してはならない。
⑥姦淫してはならない。
⑦盗んではならない。
⑧隣人に関して偽証してはならない。
⑨隣人の妻を欲してはならない。
⑩隣人の財産を欲してはならない。

日本のキリスト教の歴史　　◯内は年代（A.D.）

カトリック伝道黎明期　1549　フランシスコ・ザビエル来日、伝道開始

1582　天正遣欧使節団出発

禁教・迫害から鎖国へ　1587　バテレン追放令

1597　日本26聖人殉教

1612-1623　禁教令

1637-1638　島原の乱

（鎖　国）

開　国　1859　ヘボン、フルベッキなど来日、後に「横浜バンド」と呼ばれる日本最初のプロテスタント宣教師

キリスト教伝道開始・発展　1861　ニコライ来日、日本最初のギリシア正教会宣教師

プティジャン神父による信者の発見（大浦天主堂）　1863-1865

明治維新　1868

日本基督公会設立（横浜）、日本最初のプロテスタント教会　1872

キリシタン禁令の高札撤去　1873

熊本洋学校、花岡山の盟約、後に「熊本バンド」と呼ばれる　1876

イエスを信ずる者の誓約、後に「札幌バンド」と呼ばれる　1877

第1回全国基督教徒大親睦会開催　1878

日本聖書協会設立　1879

文部省訓令第12号発布　1899

基督教学校教育同盟結成　1910

来日した主な宣教師

来日年	宣教師	教　派
1859	ウイリアムズ　C.M.	アメリカ聖公会
1859	ヘボン　J.C.	アメリカ長老教会
1859	ブラウン　S.R.	アメリカ・オランダ改革派教会
1859	フルベッキ　G.H.F.	アメリカ・オランダ改革派教会
1860	ゴーブル　J.	アメリカ・バプテスト宣教団
1861	ニコライ	日本ロシア正教伝道会社
1861	バラ　J.H.	アメリカ・オランダ改革派教会
1862	プティジャン　B.	パリ外国宣教団　カトリック
1868	ドロ　M.M.	パリ外国宣教団　カトリック
1869	グリーン　D.C.	アメリカン・ボード　会衆派
1869	カロゾルス　J.	アメリカ長老教会
1869	スタウト　H.	アメリカ・オランダ改革派教会
1869	キダー　M.E.	アメリカ・オランダ改革派教会
1871	クラーク　E.W.	カナダ・メソジスト教会
1871	デイビス　J.D.	アメリカン・ボード　会衆派
1871	プライン　M.	アメリカ婦人一致外国伝道協会
1871	ピアソン　L.	アメリカ婦人一致外国伝道協会
1871	クロスビー　J.	アメリカ婦人一致外国伝道協会
1872	スクーンメーカー　D.E.	アメリカ・メソジスト監督教会
1873	マクレイ　R.S.	アメリカ・メソジスト監督教会
1873	ソーバー　J.	アメリカ・メソジスト監督教会
1873	ハリス　M.C.	アメリカ・メソジスト監督教会
1873	コクラン　G.	カナダ・メソジスト教会
1873	マクドナルド　D.	カナダ・メソジスト教会
1873	アッキンソン　J.L.	アメリカン・ボード　会衆派
1873	タルカット　E.	アメリカン・ボード　会衆派
1873	グリーン　O.M.	アメリカ長老教会
1874	イング　J.	アメリカ・メソジスト監督教会
1874	新島襄	アメリカン・ボード　会衆派
1874	デフォレスト　J.H.	アメリカン・ボード　会衆派
1874	ベネット　A.A.	アメリカ・バプテスト宣教団
1874	バチェラー　J.	イギリス教会宣教会

来日年	宣教師	教　派
1874	スミス　S.C.	アメリカ長老教会
1875	ギューリック　J.T.	アメリカン・ボード　会衆派
1875	ラーネッド　D.W.	アメリカン・ボード　会衆派
1875	ダッドレー　J.	アメリカン・ボード　会衆派
1875	バラ　J.C.	アメリカ長老教会
1875	ヤングマン　K.M.	アメリカ長老教会
1876	イビー　C.S.	カナダ・メソジスト教会
1876	ミーチャム　G.M	カナダ・メソジスト教会
1876	スタークウェザー　A.J.	アメリカン・ボード　会衆派
1877	ウイン　T.C.	アメリカ長老教会
1878	ケーリ　O.	アメリカン・ボード　会衆派
1878	ヘール　A.D.	アメリカ・カンバーランド長老教会
1879	グリング　A.D.	ドイツ改革派
1879	ラッセル　E.	アメリカ・メソジスト監督教会
1880	ロング　C.S.	アメリカ・メソジスト監督教会
1880	ブリテン　H.G.	アメリカ・メソジスト・プロテスタント教会
1882	カートメル　M.	カナダ・メソジスト教会
1883	ガルスト　C.	ディサイプルス・オブ・クライスト
1883	スミス　G.	ディサイプルス・オブ・クライスト
1885	ホーイ　W.E.	ドイツ改革派
1885	コサンド　J.	フレンド派（友会徒、クエーカー）
1885	マカルピン　R.E.	アメリカ南長老ミッション
1886	ランバス　W.R.	アメリカ南メソジスト監督教会
1886	ブラウン　C.A.	アメリカ・バプテスト宣教団
1887	シュネーダー　D.B.	ドイツ改革派
1887	クライン　F.C.	アメリカ・メソジスト・プロテスタント教会
1887	ジャジソン　C.	アメリカン・ボード　会衆派
1890	カンヴァース　C.A.	アメリカ・バプテスト宣教団
1898	ヤング　J.	カナダ聖公会伝道協会
1898	ブラウン　C.L.	アメリカ南部一致ルーテル教会
1906	ドージャー　C.K.	アメリカ南部バプテスト連盟

キリスト教学校教育同盟加盟学校法人

北海道

北星学園　1887年
（ほくせい）
札幌市厚別区大谷地西2-3-1

遺愛学院　1882年
（い あい）
函館市杉並町23-11

酪農学園　1933年
（らくのう）
江別市文京台緑町582

青森県

弘前学院　1886年
弘前市稔町13-1

東奥義塾　1872年
（とうおう ぎ じゅく）
弘前市大字石川字長者森61-1

岩手県

盛岡大学　1951年
滝沢市砂込808

宮城県

宮城学院　1886年
仙台市青葉区桜ヶ丘9-1-1

尚絅学院　1892年
（しょうけい）
名取市ゆりが丘4-10-1

東北学院　1886年
仙台市青葉区土樋1-3-1

山形県

基督教独立学園　1934年
（きりすときょうどくりつ）
西置賜郡小国町叶水826

山形学院　1908年
山形市香澄町3-10-8

福島県

石山学園　1923年
会津若松市相生町3-2

聖光学院　1962年
（せいこう）
伊達市六角3

茨城県

茨城キリスト教学園　1948年
日立市大みか町6-11-1

群馬県

共愛学園　1888年
（きょうあい）
前橋市小屋原町1154-4

新島学園　1947年
（にいじま）
安中市安中3702

埼玉県

聖望学園　1951年
（せいぼう）
飯能市中山292

浦和ルーテル学院　1953年
さいたま市緑区大崎3642

千葉県

三育学院　1898年
（さんいく）
夷隅郡大多喜町久我原1500

聖書学園（千葉英和）　1946年
八千代市村上709-1

東京キリスト教学園　1966年
印西市内野3-301-5-1

東京都

青山学院　1874年
（あおやま）
渋谷区渋谷4-4-25

普連土学園　1887年
（ふ れん ど）
港区三田4-14-16

自由学園　1921年
東久留米市学園町1-8-15

女子学院　　　　　1870年
千代田区一番町22-10

啓明学園　　　　　1923年
昭島市拝島町5-11-15

恵泉女学園　　　　1929年
世田谷区船橋5-8-1

国際基督教大学　　**1949年**
三鷹市大沢3-10-2

香蘭女学校　　　　1888年
品川区旗の台6-22-21

明治学院　　　　　1863年
港区白金台1-2-37

日本聾話学校　　　1920年
町田市野津田並木1942

桜美林学園　　　　1921年
町田市常盤町3758

立教学院　　　　　1874年
豊島区西池袋3-34-1

立教英国学院　　　1972年
Guildford Road, Rudgwick,
W-Sussex RH12 3BE
ENGLAND
（東京事務所）豊島区西池袋3-34-1
立教学院内

立教女学院　　　　1877年
杉並区久我山4-29-60

ルーテル学院　　　1909年
三鷹市大沢3-10-20

聖学院　　　　　　1903年
北区中里3-12-2

聖路加国際大学　　1920年
中央区明石町10-1

頌栄女子学院　　　1884年
港区白金台2-26-5

草苑学園　　　　　1954年
豊島区目白3-17-11

玉川聖学院　　　　1950年
世田谷区奥沢7-11-22

東京女子大学　　　1918年
杉並区善福寺2-6-1

東京神学大学　　　1943年
三鷹市大沢3-10-30

東洋英和女学院　　1884年
港区六本木5-14-40

フェリス女学院　　1870年
横浜市中区山手町178

平和学園　　　　　1946年
茅ケ崎市富士見町5-2

聖坂学院　　　　　1942年
横浜市中区山手町140

和泉短期大学　　　1956年
相模原市中央区青葉2-2-1

関東学院　　　　　1884年
横浜市金沢区六浦東1-50-1

聖ステパノ学園　　1953年
中郡大磯町大磯868

捜真学院　　　　　1886年
横浜市神奈川区中丸8

横浜英和学院　　　1880年
横浜市南区蒔田町124

横浜学院　　　　　1947年
横浜市中区山手町203

横浜共立学園　　　1871年
横浜市中区山手町212

横須賀学院 1950年
横須賀市稲岡町82

敬和学園 1967年
新発田市富塚1270

山梨県
山梨英和学院 1889年
甲府市横根町888

静岡県
聖隷学園 1966年
浜松市北区三方原町3453

清水国際学園 1934年
静岡市清水区天神1-4-1

静岡英和学院 1887年
静岡市駿河区池田1769

石川県
北陸学院 1885年
金沢市三小牛町イ11

岐阜県
岐阜済美学院 1918年
関市桐ヶ丘2-1

愛知県
金城学院 1889年
名古屋市守山区大森2-1723

名古屋学院 1887年
名古屋市東区砂田橋2-1-58

名古屋学院大学 1964年
名古屋市熱田区熱田西町1-25

柳城学院 1898年
名古屋市昭和区明月町2-54

三重県
愛農学園 1963年
伊賀市別府690

滋賀県
ヴォーリズ学園 1922年
近江八幡市市井町177

京都府
同志社 1875年
京都市上京区今出川通烏丸東入玄武町601

平安女学院 1875年
京都市上京区武衛陣町221

大阪府
梅花学園 1878年
茨木市宿久庄2-19-5

桃山学院 1884年
和泉市まなび野1-1

大阪女学院 1884年
大阪市中央区玉造2-26-54

大阪キリスト教学院 1905年
大阪市阿倍野区丸山通1-3-61

大阪YMCA 1882年
大阪市西区土佐堀1-5-6

プール学院 1879年
大阪市生野区勝山北1-19-31

清教学園 1951年
河内長野市末広町623

兵庫県
日ノ本学園 1893年
姫路市香寺町香呂890-1

関西学院 1889年
西宮市上ケ原一番町1-155

啓明学院 1923年
神戸市須磨区横尾9-5-1

神戸女学院 1875年
西宮市岡田山4-1

頌栄保育学院 1889年
神戸市東灘区御影山手1-18-1

松蔭女子学院 1892年
神戸市灘区篠原伯母野山町1-2-1

夙川学院 1880年
神戸市長田区西山町2-3-3

八代学院（神戸国際） 1963年
神戸市東灘区向洋町中9-1-6

島根県

キリスト教愛真高等学校 1988年
江津市浅利町1826-1

広島県

広島女学院 1886年
広島市東区牛田東4-13-1

香川県

四国学院 1949年
善通寺市文京町3-2-1

愛媛県

松山学院 1891年
松山市北久米町815

松山東雲学園 1886年
松山市桑原3-2-1

高知県

清和学園 1901年
南国市明見98

山口県

梅光学院 1872年
下関市向洋町1-1-1

福岡県

福岡女学院 1885年
福岡市南区日佐3-42-1

折尾愛真学園 1935年
北九州市八幡西区堀川町12-10

西南学院 1916年
福岡市早良区西新6-2-92

西南女学院 1922年
北九州市小倉北区井掘1-3-1

長崎県

鎮西学院 1881年
諫早市西栄田町1212-1

活水学院 1879年
長崎市東山手町1-50

長崎学院 1945年
長崎市横尾3-15-1

熊本県

九州学院 1911年
熊本市中央区大江5-2-1

九州ルーテル学院 1926年
熊本市中央区黒髪3-12-16

沖縄県

沖縄キリスト教学院 1957年
中頭郡西原町字翁長777

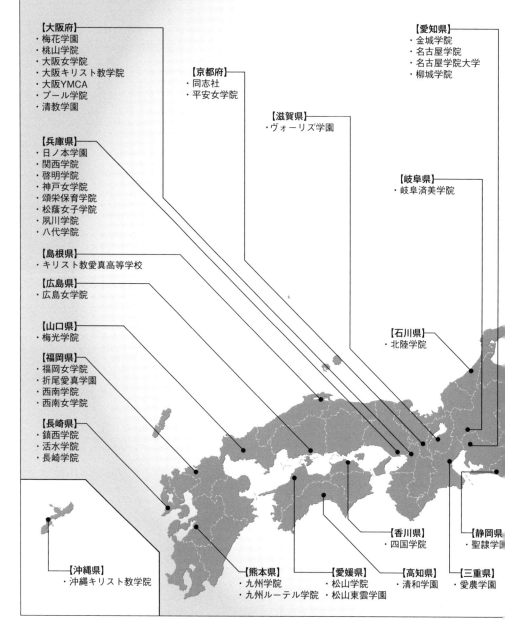

キリスト教学校教育同盟 加盟学校法人分布図

【大阪府】
・梅花学園
・桃山学院
・大阪女学院
・大阪キリスト教学院
・大阪YMCA
・プール学院
・清教学園

【京都府】
・同志社
・平安女学院

【愛知県】
・金城学院
・名古屋学院
・名古屋学院大学
・柳城学院

【滋賀県】
・ヴォーリズ学園

【兵庫県】
・日ノ本学園
・関西学院
・啓明学院
・神戸女学院
・頌栄保育学院
・松蔭女子学院
・夙川学院
・八代学院

【岐阜県】
・岐阜済美学院

【島根県】
・キリスト教愛真高等学校

【広島県】
・広島女学院

【石川県】
・北陸学院

【山口県】
・梅光学院

【福岡県】
・福岡女学院
・折尾愛真学園
・西南学院
・西南女学院

【長崎県】
・鎮西学院
・活水学院
・長崎学院

【香川県】
・四国学院

【静岡県】
・聖隷学園

【沖縄県】
・沖縄キリスト教学院

【熊本県】
・九州学院
・九州ルーテル学院

【愛媛県】
・松山学院
・松山東雲学園

【高知県】
・清和学園

【三重県】
・愛農学園

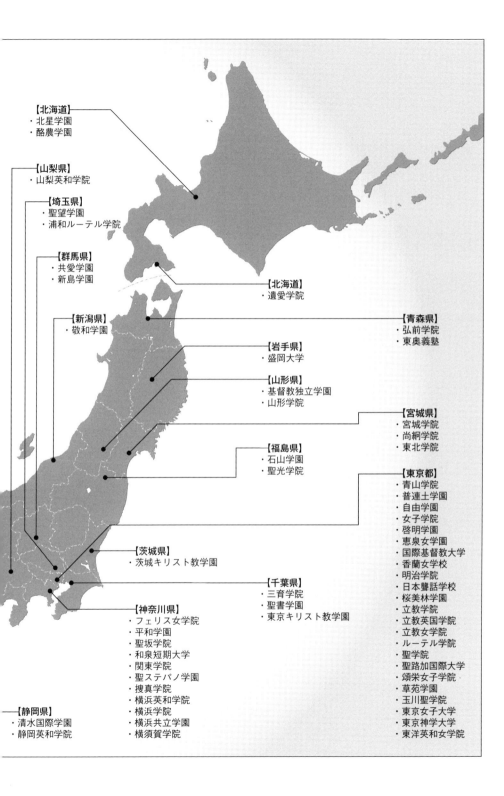

【北海道】
・北星学園
・酪農学園

【山梨県】
・山梨英和学院

【埼玉県】
・聖望学園
・浦和ルーテル学院

【群馬県】
・共愛学園
・新島学園

【新潟県】
・敬和学園

【北海道】
・遺愛学院

【青森県】
・弘前学院
・東奥義塾

【岩手県】
・盛岡大学

【山形県】
・基督教独立学園
・山形学院

【宮城県】
・宮城学院
・尚絅学院
・東北学院

【福島県】
・石山学園
・聖光学院

【東京都】
・青山学院
・普連土学園
・自由学園
・女子学院
・啓明学園
・恵泉女学園
・国際基督教大学
・香蘭女学校
・明治学院
・日本聾話学校
・桜美林学園
・立教学院
・立教英国学院
・立教女学院
・ルーテル学院
・聖学院
・聖路加国際大学
・頌栄女子学院
・草苑学園
・玉川聖学院
・東京女子大学
・東京神学大学
・東洋英和女学院

【茨城県】
・茨城キリスト教学園

【千葉県】
・三育学院
・聖書学園
・東京キリスト教学園

【神奈川県】
・フェリス女学院
・平和学園
・聖坂学院
・和泉短期大学
・関東学院
・聖ステパノ学園
・捜真学院
・横浜英和学院
・横浜学院
・横浜共立学園
・横須賀学院

【静岡県】
・清水国際学園
・静岡英和学院

■執筆者

堂本陽子

桜美林中学校・高等学校

山本真司

同志社国際中学校・高等学校

■編集責任者

山本真司

■編集協力

桃井和馬

写真家・桜美林大学特任教授

本書中の写真はすべて桃井和馬氏撮影・提供。

(所属・肩書きは執筆当時)

■地図・年表主要参考文献……………………………………………

• 『聖書　聖書協会共同訳』日本聖書協会　2018年
• 『新共同訳　聖書事典』日本キリスト教団出版局　2004年
• 『地図と絵画で読む聖書大百科』創元社　2008年
• 『バイブル・プラス』日本聖書協会　2009年

本書の印税は、キリスト教学校教育同盟の活動のために用いられます。

キリスト教入門
聖書協会共同訳対応版

2021年2月10日　第1版第1刷発行
2022年2月10日　第1版第3刷発行

編　者⋯⋯⋯⋯⋯⋯⋯⋯⋯⋯⋯⋯⋯⋯⋯
キリスト教学校教育同盟

発行者⋯⋯⋯⋯⋯⋯⋯⋯⋯⋯⋯⋯⋯⋯⋯
矢部敬一

発行所⋯⋯⋯⋯⋯⋯⋯⋯⋯⋯⋯⋯⋯⋯⋯
株式会社 創元社
https://www.sogensha.co.jp/
〈本社〉〒541-0047 大阪市中央区淡路町4-3-6
Tel.06-6231-9010　Fax.06-6233-3111
〈東京支店〉〒101-0051 東京都千代田区神田神保町1-2 田辺ビル
Tel.03-6811-0662

印刷所⋯⋯⋯⋯⋯⋯⋯⋯⋯⋯⋯⋯⋯⋯⋯
株式会社 太洋社

©2021, Printed in Japan
ISBN978-4-422-14399-6 C1316

本書の感想をお寄せください
投稿フォームはこちらから ▶▶▶

キリスト教諸教派分枝図

◯ 内は年代（A.D.）

アリウス派

ネストリウス派（カルデア・カトリック教会、アッシリア教会、景教

キリスト単性論派（コプト正教会、アルメニア使徒教会

異端認定

東方正教会

| 30頃 | 50頃 | 66-74 | 90頃 | 313 | 325 | 431 | 451 | 726-843 | 1054 |

ローマカトリック教会

イエスの十字架死、復活

ペンテコステの出来事により教会が誕生

パウロなどの活躍により地中海世界に教会が広まる

ユダヤ戦争によりエルサレムの教会が消滅

ヤムニア会議　ユダヤ教がキリスト教を異端視することでユダヤ教とキリスト教が分かれる

ミラノ勅令によりローマ帝国でキリスト教が公認宗教になる

第一ニカイア公会議

エフェソス公会議

カルケドン公会議

聖像破壊論争

東西教会　相互破門により分裂

英国

英国国教会

1558

カトリック教会から独立

プロテスタント諸派

宗教改革

ピューリタン

「自由教会」非国教会

17

16

158

カルヴァン主義の影響

スイス

ルター派［ルーテル教会

ドイツ